시인 엄마가 들려주는 삶의 이야기

강은 스스로 길을 만든다

박효신

박효신 시인은 인향문단에 시를 발표하며 등단하였습니다. 인향문단 잡지에 초대시인으로 참여하였으며 인향문단 시화집 1집, 2집, 3집, 4집, 5집, 6집 7집에도 참여하였습니다. 현재 인향문단 편집위원이며 인향문단 자문위원입니다.
마운틴 TV 시공간 명예의 전당에서 대상을 수상하였고 [시를 꿈꾸다 3집 동인지], [한줄의 꿈 2 캘리 동인지]에 참여하는 등 왕성한 시작활동을 하고 있습니다. 첫 창작시집인 [나의 세상]을 발간하고 두번째 시집 [내눈에 네가 들어와], 세번째 시집 [너의 그리움이 되어], 네번째 시집 [나의 그리움을 만나고 싶다] 를 발간하였습니다. 이제 지금까지 쓴 수필을 모아 수필집 [강은 스스로 길을 만든다]를 출판합니다.

시인 엄마가 들려주는 삶의 이야기
강은 스스로 길을 만든다

초판1쇄 인쇄 l 2025년 7월 20일
초판1쇄 발행 l 2025년 7월 20일
펴낸곳 l 도서출판 그림책
지은이 l 박효신
주 소 l 경기도 수원시 영통구 이의동 웰빙타운로 70
전 화 l 070 4105 8439
Email l khbang21@naver.com
표지디자인 l 토마토

이 책의 글과 그림의 저작권은 지은이와 그린이가 가지고 있습니다.
이 책의 일부 또는 전체에 대한 무단 복제 및 전재를 금합니다.
저자와의 합의에 의해 검인지는 생략합니다.
Published by 그림책 Co. Ltd. Printed in Korea

시인 엄마가 들려주는 삶의 이야기

강은 스스로 길을 만든다

시인 엄마가 들려주는 삶의 이야기

"강은 스스로 길을 만든다"를 펴내며

바람이 창을 스칠 때면 나는 문득 너희가 처음 내 품에 안겼던 그 봄날을 떠올린단다. 아주 작고 따스한 숨결이 내 품에 들꽃처럼 피어났던 그날, 엄마는 너희 안에서 처음 '시'라는 이름의 생명을 품었단다.
세 아이를 키운다는 건 늘 계절과 함께 걷는 일이었어. 봄에는 연둣빛 쑥을 뜯어 부쳐 먹으며 "이 맛이 인생이란다" 속삭였고, 여름에는 장대비 속에서 웃으며 "비를 피하려 애쓰지 마, 비도 지나간단다" 말해주었지. 가을이면 떨어진 낙엽 하나에 마음이 뭉클해졌고 겨울에는 눈밭에 너희 이름을 써보며 "하얀 마음으로 다시 시작하자"고 다짐하곤 했단다.

이 수필집은 그런 계절들 속에 쌓인 나의 노래이자 너희에게 들려주고 싶은 속삭임이야. 삶이란, 늘 물처럼 흐르지. 때론 돌부리에 부딪히고, 때론 갈라진 틈을 만나기도 하지만 강은 결국 스스로 길을 만들어 나가더구나.

엄마는 그렇게 흘러왔다. 어느 날은 시인으로, 어느 날은 아이들의 밥을 짓는 손으로, 그리고 어느 날은 너희 마음의 여백을 읽어주는 엄마로 말이야.

이 책 속에는 작은 꽃 하나, 풀잎 하나에도 말을 걸던 엄마의 하루들이 담겨 있어. 아마 너희는 읽으며 웃을지도 모르겠지.
"아, 엄마는 이런 눈으로 세상을 봤구나."
그렇단다, 엄마는 늘 시의 눈으로 세상을 보았고 그 눈으로 너희를 사랑했단다. 언젠가 너희도 삶의 모퉁이에서 길을 잃을 때 이 책을 펴보렴. 엄마의 말이, 엄마의 하루가, 너희 발밑을 비추는 작은 등불이 되길 바란다.

기억하렴.
길은 스스로 길을 만들고, 그 길은 결국 너희 안에도 흐르고 있다는 것을…

- 주부시인 박효신

시인 엄마가 들려주는 삶의 이야기
강은 스스로 길을 만든다

"강은 스스로 길을 만든다"를 펴내며 …4
하얀 꽃이 피는 계절…12
시인의 노래는 계절을 닮았다…16
봄은 참 맛있다 …20
강은 스스로 길을 만든다…24
모녀의 여름 밥상…28
붉은 노을 속의 당신과 나…31
기다림의 별빛 아래…34
사람은 홀로서기해야 된다…37
조약돌이 되어가는 시간…41
나를 찾는 시간…45

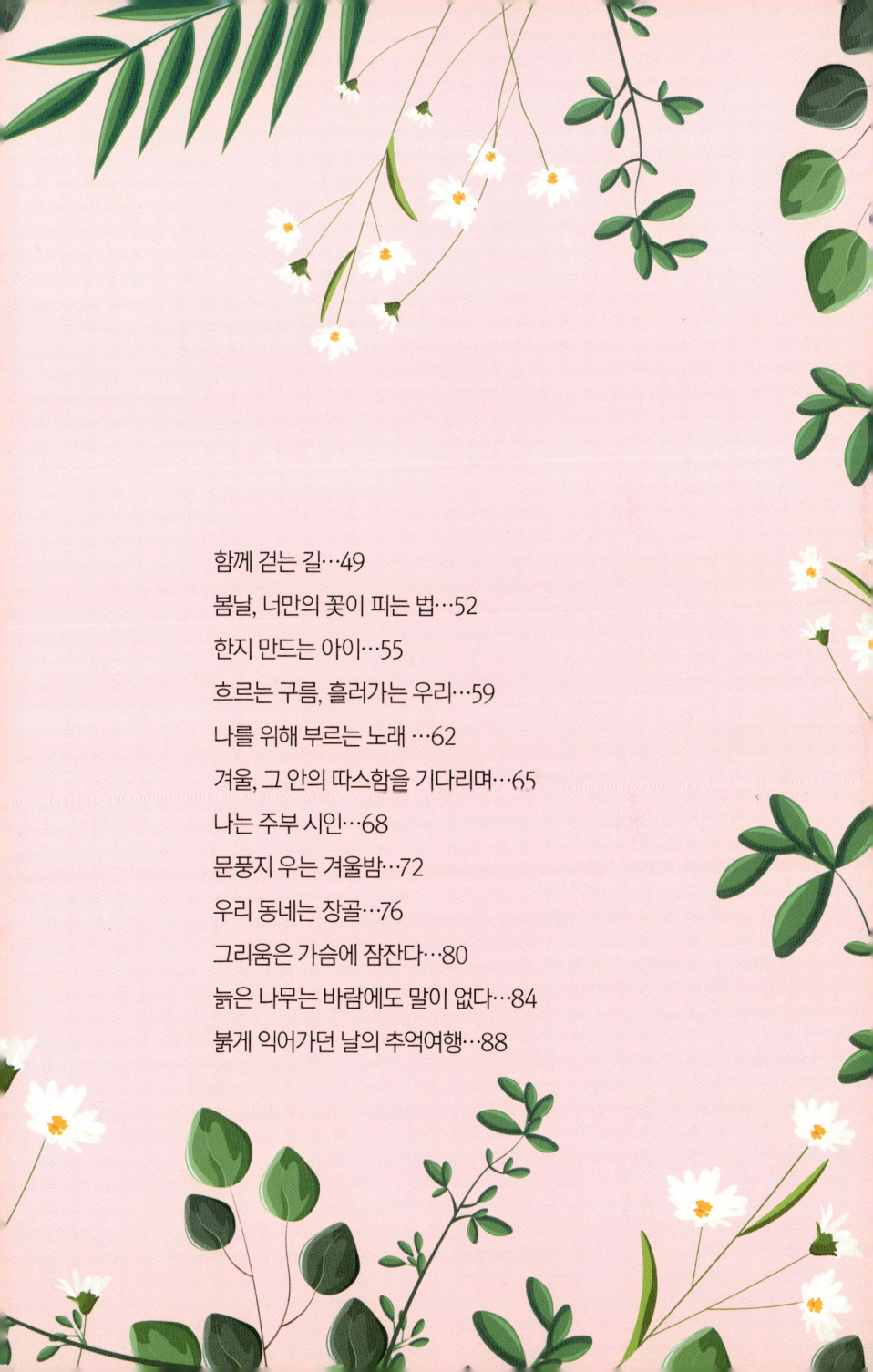

함께 걷는 길…49
봄날, 너만의 꽃이 피는 법…52
한지 만드는 아이…55
흐르는 구름, 흘러가는 우리…59
나를 위해 부르는 노래…62
겨울, 그 안의 따스함을 기다리며…65
나는 주부 시인…68
문풍지 우는 겨울밤…72
우리 동네는 장골…76
그리움은 가슴에 잠잔다…80
늙은 나무는 바람에도 말이 없다…84
붉게 익어가던 날의 추억여행…88

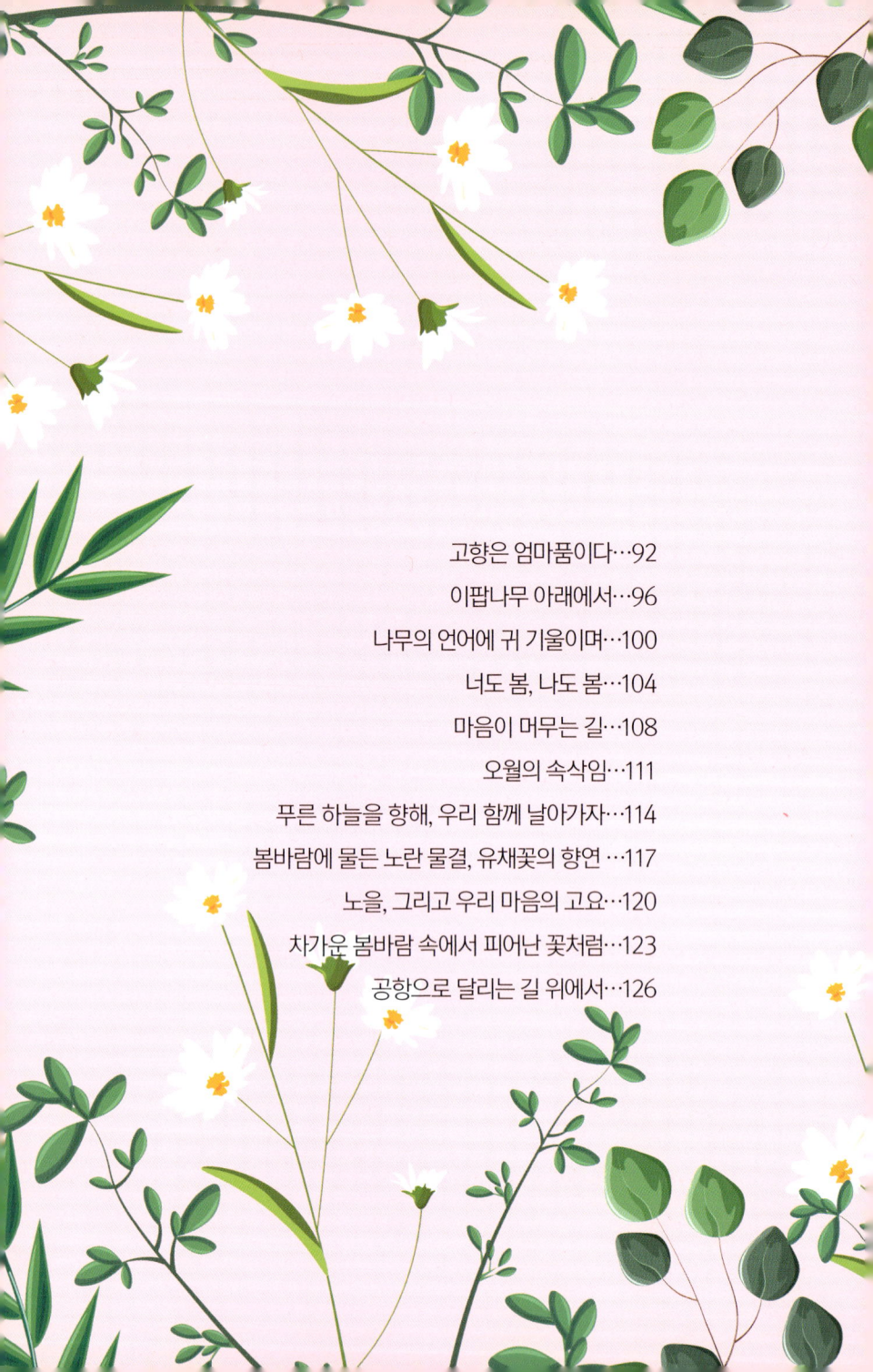

고향은 엄마품이다…92
이팝나무 아래에서…96
나무의 언어에 귀 기울이며…100
너도 봄, 나도 봄…104
마음이 머무는 길…108
오월의 속삭임…111
푸른 하늘을 향해, 우리 함께 날아가자…114
봄바람에 물든 노란 물결, 유채꽃의 향연…117
노을, 그리고 우리 마음의 고요…120
차가운 봄바람 속에서 피어난 꽃처럼…123
공항으로 달리는 길 위에서…126

저녁노을 아래, 함께하는 시간…129

나이는 공짜가 아니다…132

돌처럼, 시간을 품고 살아가다…135

마음의 빛, 보이지 않는 소중함…138

구름과 속삭이는 오후…141

노을이 내려앉는 섬…144

하얀 목련…147

이상한 증상이 노크한다…150

다시 걷는 하루…154

현충사의 봄, 기억의 꽃길을 걷다…157

박효신

박효신 시인은 인향문단에 시를 발표하며 등단하였습니다. 인향문단 잡지에 초대시인으로 참여하였으며 인향문단 시화집 1집, 2집, 3집, 4집, 5집, 6집 7집에도 참여하였습니다. 현재 인향문단 편집위원이며 인향문단 자문위원입니다.

마운틴 TV 시공간 명예의 전당에서 대상을 수상하였고 [시를 꿈꾸다 3집 동인지], [한줄의 꿈 2… 캘리 동인지]에 참여하는 등 왕성한 시작활동을 하고 있습니다. 첫 창작시집인 [나의 세상]을 발간하고 두번째 시집 [내눈에 네가 들어와], 세번째 시집 [너의 그리움이 되어], 네번째 시집 [나의 그리움을 만나고 싶다] 를 발간하였습니다. 이제 지금까지 쓴 수필을 모아 수필집 [강은 스스로 길을 만든다]를 출판합니다.

시인 엄마가 들려주는 삶의 이야기

강은 스스로 길을 만든다

하얀 꽃이 피는 계절

꽃은 울긋불긋
피어나는데

내 머리에는 하얀 꽃이
내려앉아

세월의 흔적이 남는다

하얀 꽃이 피는 계절

봄이 오면 정원 끝 철쭉나무 아래부터 색이 돌기 시작한다.

분홍이며 붉고, 간혹 연보랏빛까지 고개를 들며 나를 향해 인사를 건넨다. 나는 그런 꽃들을 한참 바라보다가 문득 거울을 보았다. 그리고 말없이 웃었다.

"엄마, 뭐가 그렇게 좋아요?"
어느 날, 둘째가 물었다.
나는 대답했다.
"꽃이 핀 걸 보니 나도 피었나 싶어서 말이지."
"엄마 머리엔 꽃 안 피었는데?"
"아니야, 피었어. 하얀 꽃이."

그 아이는 고개를 갸웃하더니 내 머리를 쓰다듬었다.
"아, 이거… 흰머리 말하는 거예요?"

나는 그 말을 듣고 조용히 창밖을 바라봤다.

꽃이 그렇게도 찬란히 피는 계절, 내 머리에도 하얀 꽃이 피고 있었다.

봄이 올 때마다 아이들 손을 잡고 공원을 걸었지. 세 아이가 서로 장난을 치며 내 앞에서 뛰어가곤 했지. 그때마다 나는 걸음을 멈추고 속삭였다.

"천천히 가렴, 흔적은 남기고 가는 거란다."

그 흔적들이 이제는 내 주름마다, 내 머릿결마다 고스란히 내려앉았다. 꽃잎처럼 가볍게, 그러나 지울 수 없이.

하얀 머리는 슬픔의 상징이 아니라, 아이들을 품고 웃었던 순간들이 피워낸 꽃이라고 생각한다.

때론 밤을 지새우며 열을 식히던 그 시간들, 유치원 운동회 날 흙먼지를 뒤집어쓰고 너희 이름을 목청껏 부르던 순간들, 고3이 되어 밤늦게 들어온 큰아이의 등을 조용히 두드려주던 그 밤도… 하나하나 다 내 안에서 하얀 꽃으로 피어난 것이다.

지금의 너희가 서 있는 자리는 너희가 걸어온 길보다, 내가 먼저 걸으며 밟고 지나온 자리들이라는 것을 기억해주길 바란다. 나는 이 하얀 꽃들이 부끄럽지 않다. 그 안에는 사랑과 기다림, 걱정과 웃음이 모두 들어 있으니 말이다.

"엄마, 나도 언젠가 그 꽃 피우게 될까?"

"그래, 그 꽃은 시간이 줄 수 있는 가장 아름다운 선물이란다."

울긋불긋한 세상의 봄을 걷고 있는 너희에게, 나는 이제 조용히 말해주고 싶다. 너희 마음에도 언젠가 하얀 꽃이 피어날 거라고. 그 꽃은 세월의 흔적이며, 동시에 사랑의 무늬라고.

그리고 그날이 오면, 나처럼 미소 지으며 말해보렴.
"나, 지금… 아주 예쁘게 피었구나."

시인의 노래는
계절을 닮았다

시인의 노래는
봄처럼 예쁘다

시인의 노래는
여름처럼 활기차다

시인의 노래는
가을처럼 정열적이다

시인의 노래는
겨울처럼 눈이 부시다

시인의 노래는 계절을 닮았다

"엄마, 시인은 어떤 사람이야?"
막내가 어린 시절 내게 물었다. 그때 나는 따뜻한 미소를 지으며 말했다.
"글쎄, 시인은 계절을 품고 사는 사람이란다."

나는 지금도 그 대답이 틀리지 않았다고 생각한다. 시인은 네 계절을 노래하는 사람이다. 그리고 엄마였던 나는, 그 시를 부르듯 너희 셋을 안고 살아왔다.

봄이 되면 마당의 매화가 먼저 소식을 알렸다.
"엄마! 매화 폈어!"
그 말에 나는 늘 고개를 들어 너희 얼굴을 먼저 봤다. 봄의 노래는 그렇게 아이들 뺨처럼 예쁘고 투명했다. 시인의 노래도 그런 봄을 닮았지. 아직은 서툴고 연약하지만, 사랑받기를 바라는 소망으로 가득 찬 그런 계절. 봄은 늘 너희의 웃음 속에서 피어나곤 했다.

여름은 달랐다. 이마에 땀이 송글송글 맺히고, 발바닥이 모래에 데일 듯 뜨거운 날에도 "엄마! 우리 수박 먹어요!" 하던 너희의 외침은 파도처럼 힘찼다.

여름은 시인의 노래 중 가장 활기찬 장단이었다. 천둥 번개처럼 갑작스러운 감정의 소용돌이도 있었지만, 그 안에 순수한 열정이 있었다.

여름은 그렇게 뜨겁게 사랑을 배우고, 스스로를 밀어붙이며 성장하는 시절이었다. 시인의 노래도 그랬다. 때로는 소란스럽지만, 안에 맑은 기운이 차오른다.

가을이 오면, 바람이 조금씩 선선해졌다. 나뭇잎이 하나 둘 물들고, 창 밖의 하늘이 깊어지면 너희도 더 많이 생각에 잠기곤 했다.

"엄마, 나 요즘 왜 이렇게 마음이 싱숭생숭할까?"
"그게 가을이라는 거야, 마음이 붉게 타는 계절이지."

시인의 노래도 가을을 닮았단다. 정열적인 듯하면서도, 마음속 깊은 곳까지 울리는 잔잔한 떨림이 있지. 누군가를 그리워하고, 스스로를 되돌아보는 계절. 엄마는 그 가을의 노래를 너희가 처음 사랑에 빠졌을 때 떠올렸다. 진심은 결국 붉은 단풍처럼 드러나게 되어 있어.

그리고 겨울.
"엄마, 손 시려워!" 하고 내 손을 잡던 작은 너희의 손이 이제는 나보다 더 크고, 따뜻하구나.

겨울의 노래는 눈부시게 맑고 투명하다. 겉으로는 모든 것이 얼어붙은 것 같지만, 그 안에는 봄을 준비하는 온기가 숨어 있다. 시인의 노래도 그렇다. 얼어붙은 말 사이에서 가장 따뜻한 위로를 건네지.

그건 아마, 나의 말이 점점 적어지며 너희에게 눈빛으로 마음을 전하듯 그런 방식일 거다.

애들아, 시인의 노래는 계절을 닮았다. 그리고 그 시인의 노래는 곧 너희의 엄마, 내 삶의 고백이기도 하다. 언제나 너희가 그 노래를 잊지 않고 기억해 주기를 바란다. 지치고 멈추고 싶을 때마다, 네 계절의 노래를 되뇌며 다시 걸어나가길.

봄의 희망, 여름의 열정, 가을의 성찰, 겨울의 위로. 그것이 엄마가 너희에게 들려주고 싶은 '시인의 노래'란다.

봄은 참 맛있다

봄은
싱그러운 연초록

이른 봄부터 늦봄까지
들로, 산으로
연초록을 찾아다닌다

뜯고, 부치고, 무치고,
장아찌도 만들어본다

봄은 참 맛있다

봄은 참 맛있다

올해도 어김없이 봄은 나를 불러냈다.

아침 햇살이 부엌 창을 두드리면, 난 슬리퍼를 꿰어 신고 앞마당을 서성인다. 아직 이슬 맺힌 쑥이 담벼락 아래에서 수줍게 얼굴을 내민다.

"얘들아, 이 봄을 또 먹게 생겼다."

혼잣말이 입에서 흘러나오자, 마치 누군가 대답이라도 하듯, 참새 한 마리가 지지배거리며 나뭇가지에서 춤을 춘다.

너희 어릴 적 기억하니?

엄마 손을 잡고 뒷산에 올라 쑥도 캐고, 냉이도 뽑고, 두릅도 따던 날들. 바구니 하나에 봄을 가득 담아 와서 부엌에 앉아 다듬던 그 시간들 말이야.

"엄마, 이건 왜 이렇게 써?"
"그게 봄맛이란다. 겨울을 뚫고 나오는 힘의 맛이지."

싱그러운 연초록이 우리 집 식탁을 차지할 무렵이면 나는 너희에게 계절을 먹는 법을 가르치고 싶었단다.

풀잎 하나, 뿌리 하나에도 땅의 온기와 바람의 숨결이 배어 있다는 걸 너희의 혀끝으로 기억하게 하고 싶었지.

봄은 늘 짧았고, 그래서 더 귀했다. 이른 봄부터 늦봄까지, 들로 산으로 다니며 나는 계절을 채집했다.

쑥국 끓이고, 달래를 무치고, 돌미나리를 장아찌로 만들면서 내 마음엔 자라나는 너희 모습이 늘 겹쳐 보였지. 어느새 긴 팔이 된 너희가 직접 바구니를 들고, "엄마, 이건 얼마나 캐면 돼?" 하고 묻던 그 순간. 그래, 그게 봄이었지. 너희의 자람이었지.

봄은 참 맛있다.

그건 단지 쑥떡의 맛이나 냉이된장국의 구수함 때문만은 아니었단다. 그 속엔 너희와 함께한 시간, 흙을 만지고 웃음 지으며 햇살을 먹고 자란 이야기들이 고스란히 들어 있었기 때문이야.

이제 너희가 멀리 떠나 저마다의 계절을 살고 있지만, 엄마는 여전히 연초록을 따라 들로 산으로 다닌다. 그리고 어느 날엔 너희도 그렇게 봄을 뜯고, 부치고, 무치고, 식탁에 앉은 아이들에게 말하겠지.

"애야, 봄은 이렇게 먹는 거란다. 이 쌉싸래한 맛 안에 얼마나 많은 기다림과 사랑이 담겨 있는지, 한입 베어물면 알게 될 거야."

그러니 기억해다오, 엄마가 너희에게 남기고 싶은 건, 그 봄의 맛이라는 걸. 사계절을 통틀어 가장 조용하지만, 가장 풍요로운, 바로 그 봄의 흔적을 말이야.

강은 스스로 길을 만든다

삶의 여정은 마치 굽이쳐 흐르는
강물과도 같다

끊임없이 변화하는 세상 속에서
우리는 각자의 길을 찾아 나서야 하며

때로는 거센 바람에 흔들리기도 하고
예측할 수 없는 미래에 불안감을 느끼기도 한다

하지만 묵묵히 앞으로 나아가는 것이 중요하고
지금 이 순간에 집중하며
최선을 다할 때
비로소
의미 있는 삶을 만들어갈 수 있는 것이다

강은 스스로 길을 만든다

아침 안개가 마당 끝을 감싸 안은 어느 날이었다. 나뭇잎 위로 맺힌 이슬은 햇살에 부서지며 반짝였고, 참새들은 담장에 내려앉아 짹짹거리며 하루를 깨우고 있었다. 나는 작은 찻잔을 들고 툇마루에 앉아, 문득 오래전 너희를 처음 품었을 때를 떠올렸다.

"엄마, 인생은 왜 이렇게 복잡해?"
며칠 전, 둘째가 무심히 던진 말이었다.
나는 그때 웃음 대신 조용히 찻잔을 내려놓으며 말했다.
"강도 처음부터 길을 알고 흐른 건 아니야."

삶이라는 건, 강물 같단다. 굽이치고, 때로는 바위에 부딪히며, 길을 잃은 듯 보이다가도 결국 흘러가야 할 곳으로 흘러가게 되어 있지. 젊은 날의 나 역시 그랬단다. 엄마도 처음에는 어디로 가야 할지 몰랐어. 세상은 시시때때로 모양을 바꾸었고, 사람들도 그렇게 흘러가버리곤 했지.

"그럼 무섭지 않았어?"
막내가 내 무릎에 머리를 기대며 물었던 기억이 나. 그때 나는 조용히 아이의 머리칼을 쓸어내리며 속삭였지.

"무서웠지. 하지만 멈추면 더 무서운 게 찾아와. 후회라는 이름의 고요한 물살."

그럴 때마다 나는 마음속으로 다짐했단다.
'흔들릴지언정 멈추지는 말자.'
거센 바람이 불어도, 앞으로 나아가야 한다는 걸, 아이 셋을 품은 몸으로 깨달았지.

삶이 우리에게 주는 가장 큰 선물은, 방향이 아니라 '지금'이란다. 과거는 되돌릴 수 없고, 미래는 보이지 않아도, 우리가 붙들 수 있는 건 바로 오늘이라는 한 조각의 햇살뿐이니까.

"그래서 엄마는 그렇게 부지런했구나."
큰애가 말하던 날이 있었지.
"그게 엄마의 방식이었어. 오늘을 잘 살아서, 너희 내일을 지키는 것."

살다 보면 삶은 우리에게 자꾸 묻는단다.
'지금도 네 길을 믿고 있니?'
그 질문에 당당하게 고개를 끄덕이기 위해선, 삶의 파도에 흔들릴지라도 끝내 방향을 잃지 않으려는 마음이 필요해.

너희가 이제는 각자의 길을 걸어가는 모습을 보며, 나는 잔잔한 흐름이 되어 너희를 뒤에서 밀어주고 싶단다.

말없이, 그러나 늘 그 자리에 있는 강물처럼.

기억하렴.
삶은 늘 흐르고, 변화하며, 때론 거칠기도 하지만, 그 속에서 우리가 매 순간을 진심으로 살아낼 때 비로소 그 여정은 아름답고도 단단한 강이 되는 거야.

너희가 어떤 길을 가든, 엄마는 언제나 이 강가에서 조용히 너희 이름을 부르고 있을게.

"흘러가렴. 흔들리더라도, 멈추지는 말고. 강물은 결국, 스스로 길을 만든단다."

모녀의 여름 밥상

엄마……
음…왜…

엄마, 복날에
물이 흐르는 계곡에서
토종닭에 하얀 찹쌀
한 줌 넣고
장작불에 펄펄 끓여
호호 불며
땀 흘리며 먹고 싶어

계곡 바람이 땀방울 식혀주는
백숙이 먹고 싶어
엄…마…아

그래,
강당골 계곡에
발 담그고 먹자꾸나

모녀의 여름 밥상

한여름, 습기가 가득한 날이었다. 창문 틈 사이로 들어오는 바람은 무겁게 눅눅했고, 나는 부엌에서 찬물을 자주 들이켰다. 그때 딸아이 목소리가 내 귓가를 스쳤다.
"엄마?"
나는 웃으며 물었다.
"왜?"

딸은 잠시 망설이다가 입을 열었다.
"엄마, 계곡에서 물소리 들으며, 토종닭에 하얀 찹쌀 넣고, 장작불에 펄펄 끓여서 호호 불며 먹고 싶어."

그 말에 나는 고개를 끄덕였다.
"그래, 그럴까? 땀에 젖은 얼굴을 시원한 계곡 바람이 감싸주고, 뜨거운 닭백숙 국물 한 숟갈에 마음까지 녹아내리는 그런 날."

딸은 벌써 그 풍경을 상상하는 듯했다.
"엄마, 그때 계곡 바람이 땀을 시켜줄 거야. 엄마야."

나는 미소를 머금고 답했다.

"그래, 가까운 날에 강당골 계곡에 가서 발 담그고 먹자꾸나."

그 순간, 나무 사이로 스며드는 햇살과 계곡을 타고 흐르는 물소리가 우리 대화를 감싸는 듯했다. 딸의 눈망울에는 설렘과 기대가 가득했고, 나는 그 모습을 바라보며 마음 한켠이 따뜻해졌다.

아이들이 자라며 겪을 크고 작은 시련들 사이에도 이런 소박한 순간들이 꼭 필요하다는 생각이 들었다.

인생도, 때로는 뜨거운 닭백숙처럼 힘겹고 땀 흘리는 순간들이 있지만, 그 뒤에는 시원한 바람처럼 위로가 되는 시간이 반드시 찾아온다는 것을.

"삶이란, 때로는 장작불처럼 뜨겁고 고단하지만, 그 불길 끝에 시원한 바람과 닭백숙 한 그릇이 기다리고 있단다."

나는 아이들에게 그렇게 이야기하고 싶다. 그날 오후, 우리는 아직 오지 않은 그 계곡 바람을 기다리며, 소박한 밥상 앞에서 또 다른 이야기를 나누었다.

삶의 어느 순간에도, 서로를 위한 따뜻한 한 그릇이 얼마나 큰 힘이 되는지를 나는 기억해주길 바란다.

붉은 노을 속의 당신과 나

아름다운 풍경소리 들리는
저편 산 능선에
황혼으로 붉게 물들인 저녁노을
오늘도 변함없이 붉고 아름답군요

모진 세월에 지친 당신과 나
꽁보리 밥에 걸쭉한
된장찌개 몇 수저 넣고 쓱쓱 비벼 먹으며

당신과 나 서로를 위로하며
행복하게 40년이 지난 지금은
양 볼에 세월의 흔적 푹 패인 주름만
자리 집고 있군요

붉은 노을 속의 당신과 나

저녁노을이 산 능선을 붉게 물들이는 그 순간, 나는 늘 그 풍경을 바라보며 마음 깊은 곳에서 잔잔한 감정이 올라오는 것을 느낀다.
"오늘도 노을이 참 곱다."
나는 속삭이듯 말했다. 옆에 앉은 당신이 조용히 미소 지었다.

시간은 참 빠르다.
"벌써 사십 년이나 함께 했네."
당신이 말했다. 긴 세월, 모진 풍파를 함께 견뎌온 우리다. 나이 든 두 사람은 찬바람 부는 날에도 함께 껴안고, 꽁보리 밥에 된장찌개를 얹어 조용히 한 끼를 나누곤 했다.
"여기 좀 더 넣어봐, 맛있잖아."
나는 웃으며 된장찌개를 떠 넘겼다.

우리의 얼굴에는 세월의 흔적이 진하게 자리 잡았다. 양 볼을 가득 채운 주름 하나하나가 우리 인생의 이야기였다.
"이 주름들이 말해주는 게 뭔지 알아?"
나는 살며시 물었다. 당신은 눈을 감았다 뜨며 말했다.
"서로를 위로하고 함께 살아온 시간들이지."

바람이 부드럽게 창문을 스치고 지나가던 그날 밤, 나는 아이들에게 이렇게 말하고 싶었다.

"사랑이란, 때론 꽁보리 밥처럼 단순하고 소박하지만, 된장찌개처럼 진한 맛을 내는 것이야. 오래된 노을처럼, 시간이 흐를수록 더 붉고 깊어지는 것."

아이들은 어쩌면 이 이야기를 들으며 마음 한켠에 따뜻한 바람이 불었으면 좋겠다. 세상이 아무리 거칠어도, 서로를 바라보는 눈빛 하나가 얼마나 소중한지 알았으면 한다.

"우리는 그렇게 살아가는 거야. 변함없이, 서로에게 붉은 노을 같은 존재가 되는 거란다."

그날 저녁, 산 능선을 물들이던 노을처럼 우리 이야기는 마음 깊숙이 붉게 물들었다. 그리고 나는 믿는다. 우리 사랑은 그렇게 오래도록 변하지 않을 거라고.

기다림의 별빛 아래

기다림에
밤하늘 별만 수없이 세었습니다

기다림에
문밖에서 까만 밤 하얗게
지새운 적 있습니다

기다림에
들락날락 문지방 닳도록
서성이던 때가 있었습니다

이제 기다림은
그리움으로 남아
그림자로 쫓을 뿐입니다

기다림의 별빛 아래

어느 겨울밤이었다. 차가운 바람이 집안을 스쳐 지나가고, 창밖에는 끝없이 펼쳐진 까만 밤하늘이 있었다. 별들이 수없이 반짝이며, 마치 나의 기다림을 함께 세어주는 듯했다.
"엄마, 왜 그렇게 별을 오래 봐요?"
막내가 조심스레 물었다.

나는 미소 지으며 대답했다.
"기다림이라는 건 말이지, 때로는 별을 세는 일과도 같단다. 멀리 있는 것을 향해 마음을 모으고, 언젠가는 만날 그 순간을 기다리는 거지."

그날, 나는 문밖에서 하얗게 지새운 적이 있다. 차가운 공기가 피부에 닿았지만, 마음은 따뜻한 기대감으로 가득했다.
"기다림은 참 힘들지?"
첫째가 내 손을 잡으며 말했다. 나는 고개를 끄덕이며 말했다.
"그래, 때론 너무 무료하고 끝이 없는 것 같지만, 그 안에 담긴 그리움이 우리를 움직이게 해주는 법이란다."

또한 문지방이 닳도록 들락날락하며 서성였던 기억도 떠올랐다.
"그때 왜 그렇게 서성였어?"

둘째가 물었을 때, 나는 조용히 말했다.
"마음 가는 곳에 발걸음도 자꾸 가는 법이지. 그 마음이 바로 기다림의 시작인 거란다."

기다림은 늘 고요하지만, 그 안에는 쉼 없이 흘러가는 마음들이 있다. 그것은 때로 그리움으로 남아, 우리 내면을 배회하기도 한다.
"너희도 때로는 누군가를 기다리며 마음이 아플 때가 있겠지?"
나는 말하며 창밖 별빛을 바라보았다.

"그럴 때마다 기억하렴, 기다림은 우리를 더 깊이 사랑하게 만드는 시간이라는 것을. 꽃이 피기 전에 땅속에서 숨죽이고 있는 것처럼, 너희 마음도 그렇게 자라난단다."

기다림은 끝없는 밤처럼 길게 느껴질 때도 있지만, 그 밤하늘의 별들처럼 우리 안에서 빛나는 소망이 되어 주기를.

"내 사랑하는 아이들아, 너희가 어떤 기다림 속에 있든 그 시간들이 결국 너희를 더 빛나게 할 거란다."

그리움이 별이 되고, 기다림이 사랑이 되는 밤, 나는 그렇게 너희에게 조용히 속삭이고 싶다.

"별빛처럼 오래도록 빛나는 너희가 되기를."

사람은 홀로서기해야 된다

사람은 태어날 때부터
마른 벌판 갈 때까지 외롭다
인생은 옆에 누가 있으나 없으나 혼자이다

함께하는 부부도
배 아파 낳은 자식도
몇십 년 한 울타리에 같이 살아도
마음이 각각이기에 늘 혼자이다

사람은 혼자 살수 없기에 모든 사람들과 어우러져
서로가 서로를 사랑하며
의지하며 살고 있는 것뿐이다

이 세상 태어날 땐 부모님 몸을
빌려 태어나지만 갈 때는
혼자 가는 것이 우리의 인생이다

내가 네가 될 수 없듯이 네가 내가
될 수 없기에 사람은 늘 혼자이다
"사람은 늘 홀로서기해야 된다"

사람은 홀로서기해야 된다

어느 날 저녁, 나는 창가에 앉아 멀리 마른 벌판을 바라보았다. 차가운 바람이 살며시 불어와 머리칼을 흩트리고, 먼 곳으로부터 들려오는 풀벌레 소리가 고요한 정적 속에 퍼졌다. 그 순간 문득, 아이들에게 들려주고 싶었던 이야기가 마음속에서 조용히 피어났다.

"엄마, 왜 가끔은 외롭다고 느껴져요?" 막내가 내 무릎 위에 앉아 조심스럽게 물었다. 그 눈빛 속에는 아직 어리고 순수한 질문이 담겨 있었다.

나는 잠시 말을 고르고는 천천히 입을 열었다. "사람은 태어날 때부터 혼자인 법이란다. 마치 저 멀리 마른 벌판을 걷는 것처럼, 누구와 함께 있어도 결국에는 자기 길을 홀로 걸어야 해."

"그럼, 엄마도 혼자예요?" 아이의 목소리가 작아졌다.

"그럼, 그렇단다. 네 아버지와 내가 몇십 년을 함께 살아도, 결국 마음은 각자 따로 있어. 그게 사람이란다. '함께'라는 말 뒤에도 늘 '나'라는 존재가 따로 있지. 그러니까 외롭다는 건 우리 모두가 안고 가는 숙제야."

나는 아이들의 작은 손을 꼭 잡으며 말했다. "그래서 우리는 서로 기대고 사랑하며 살아가는 거란다. 너도 알다시피, 우리가 같이 있는 건 혼자가 아니기 때문이지. 하지만 결국 네 길은 네가 홀로 서야 하는 길이란다."

아이들은 잠시 말없이 내 말을 곱씹는 듯했다. 그리고 내가 다시 덧붙였다.

"이 세상에 태어날 땐 엄마, 아빠라는 몸을 빌려서 오지만, 떠날 때는 혼자란다. 내가 네가 될 수 없고, 네가 내가 될 수 없는 것처럼, 결국 우리 모두는 홀로서야 하는 존재야."

저 멀리 벌판 위로 낙엽이 흩날리고, 바람이 그 낙엽을 살짝 들어 올려 어디론가 데려간다. 바람은 말없이 이리저리 흐르시만, 그 바람 속에는 자유와 홀로서기의 깊은 의미가 담겨 있다.

"엄마, 나도 언젠가 홀로 서야 하는 거죠?"
"맞아, 내 사랑. 그리고 그 홀로서기가 너를 더 강하게 만들 거야."

나는 아이들의 눈을 바라보며 마음속으로 속삭였다. "홀로서기란 외로움을 견디는 게 아니라, 그 외로움 속에서 자신만의 빛을 찾아가는 여행이란다. 바람이 불어도 흔들리지 않는 나무처럼, 자신을 믿고 서렴."

창밖 저녁 하늘이 어둠 속에 붉은 빛을 흩뿌리고 있었다. 그렇게 한 번쯤은 모두 홀로 서야 한다는 진실이, 오늘도 바람결에 실려 아이들의 마음에 조용히 스며들기를 바랐다.

"사람은 결국 홀로 서야 하는 존재이지만, 그 길 위에서 서로를 만나며 사랑을 나누는 것, 그것이 우리 삶의 가장 아름다운 이야기란다."

그 말이 아이들의 작은 마음에 봄바람처럼 부드럽게 닿기를, 엄마는 그렇게 기도했다.

조약돌이 되어가는 시간

빨리빨리
흘려보내면
빨리빨리
괜찮아지는 줄 알았다

물길 따라
흐르도록 내버려 두면,
모난 돌도
조약돌이 되는 건데…

살아간다는 건
조약돌이 되는 게 아닐까요?

조약돌이 되어가는 시간

어느 오후, 나는 강가 작은 돌멩이들을 바라보며 아이들과 함께 산책을 나갔다.
"엄마, 저 돌들은 왜 이렇게 둥글고 반질반질해?"
큰아이가 궁금해하며 손에 든 조약돌을 흔들었다.

나는 미소 지으며 답했다.
"그건 바로 시간이랑 물길 덕분이란다. 척박한 바위도, 모난 돌멩이도 오래도록 물길을 따라 흐르다 보면, 어느새 둥글고 부드러운 조약돌이 되거든."

작은 손에 쥔 돌멩이는 햇살을 받아 반짝였다. 바람이 살며시 불어와 잔잔한 강물 위에 잔물결을 일으켰다.
"엄마, 그럼 우리도 그런 거야?"
막내가 고개를 갸웃하며 물었다.

"맞아, 우리 삶도 그 조약돌처럼 말이야."
나는 아이들을 바라보며 천천히 말했다.
"처음에는 모난 구석도 많고, 거칠기도 하지만, 세월이 흐르고 여러 경험을 겪으면서 조금씩 다듬어지고 둥글어지는 거야."

아이들의 눈망울 속에 호기심이 가득 찼다.
"그럼, 빨리 빨리 괜찮아지려 하지 말고, 천천히 흘러가도 되는 거야?"
큰아이가 조심스레 질문했다.

"그래, 때로는 우리 마음도 서두르지 말고, 흐르는 물처럼 자연스럽게 시간을 맡겨야 해."
나는 조용히 이야기했다.
"모난 돌멩이가 조약돌이 되는 과정처럼, 우리도 살아간다는 건 그렇게 조금씩 다듬어지고 성장하는 여정이지."

그때, 강가에 불어온 바람이 살짝 흔들어 놓은 나뭇잎이 반짝이며 속삭이는 듯했다.
"서두르지 마라, 천천히 흘러가라."

세 아이의 엄마로서 나는 이렇게 말하고 싶다. 인생은 조약돌이 되어 가는 과정과 같아서, 서둘러 해결하려 하지 말고, 자신만의 흐름을 따라가라. 그래야 마음의 모난 부분도 점차 다듬어지고, 더 단단하고 아름다운 모습으로 변할 수 있단다.

"언제나 너희의 속도대로, 자연스럽게 살아가렴. 그리고 모난 부분이 둥글게 변할 때까지 그 시간을 소중히 여기렴."

햇살은 어느새 저물기 시작했고, 강물 위로 붉은 노을이 비쳤다. 아이들은 조약돌을 손에 쥐고 조용히 미소 지었다. 나는 그 순간, 우리 모두가 조금씩 닮아가는 그 조약돌처럼, 평화로운 마음으로 함께 흘러가고 있음을 느꼈다.

나를 찾는 시간

삶은 늘 좋은 일의 연속일 수는 없겠지만
시간이 지날수록 헷갈린다

내가 웃고 있는 지금
정말 웃는 걸까?

진심으로 내 마음이 기쁜가?
나는 지금 정말로 행복한가?

'나'라는 사람이 가진 모습에
정답은 없는 것 같다

나를 찾는 시간

어느 봄날, 따사로운 햇살이 내 방 창문을 조용히 두드렸다. 나는 거울 앞에 서서 한참 동안 나 자신을 바라보았다.
"엄마, 뭐해?"
아이 중 하나가 방으로 들어와 물었다.
"음, 그냥 내 모습이 헷갈려서 생각하고 있었단다."
살며시 미소 짓던 아이는 고개를 갸웃하며 말했다.
"엄마, 웃고 있는데 왜 헷갈려?"

나도 내 마음을 정확히 알기 어려웠다. 삶은 언제나 좋은 일만 이어지지 않는다는 걸 알지만, 내가 웃고 있는 이 순간, 과연 그 웃음이 진짜인지 의심스러웠다.

"정말 내가 행복한 걸까?"
나는 나 자신에게 질문을 던졌다. 그리고 문득 창밖에 눈길을 돌렸. 멀리 푸른 하늘 아래 벚꽃잎이 바람에 흩날리고 있었다.
"보렴, 저 꽃잎도 제각기 다른 모습으로 춤을 추지. 완벽하지 않아도 저마다의 아름다움이 있단다."

아이들이 놀이터에서 뛰노는 소리가 멀리서 들려왔다.

"엄마, 우리도 그렇게 제각기 다른 거야?"
막내가 또 물었다.

"그래, '나'라는 존재도 모양과 제한, 정답이 없는 하나의 작품과 같아."
나는 그들을 바라보며 속삭였다.
"가끔은 웃는 내 모습이 진짜일지 헷갈릴 때도 있겠지만, 그건 모두 자연스러운 거란다. 우리 모두 각자 다른 빛깔의 꽃잎처럼 다채로운 감정을 품고 살아가니까."

세 아이를 키우는 엄마로서, 나는 늘 아이들에게 말해주고 싶었다. 진짜 '나'를 찾는 과정은 때론 혼란스럽고 불확실할지라도, 그 안에 답이 없다는 건 오히려 자유라는 걸. 한 폭의 수채화처럼, 마음이 흔들릴 때도 그 자체로 완전한 존재임을.

"우리, 때론 헷갈려도 괜찮아. 웃음 뒤에 숨은 진심을 찾으려 노력하는 그 시간이 결국 우리를 더 깊고 아름답게 만든단다."

내가 아이들에게 전하고 싶은 건 바로 이 은유였다. 삶이라는 긴 여정 속에서 나 자신을 사랑하며, 완벽하지 않은 나를 온전히 품는 법을 배우라고. 그리하여 언젠가는 스스로 웃을 수 있는 그 순간을 맞이할 수 있기를 바라며.

창밖으로 부드러운 봄바람이 불어오고, 벚꽃잎 하나가 내 어깨에 살포시 내려앉았다. 그 모습이 마치 "괜찮아, 너 그대로가 아름다워"라고 말해주는 듯했다.

함께 걷는 길

신호등 같은 인생
함께 걸어요

걷다가 힘들면
잠시 쉬어요

쉬지 않고 걷는다면
많이 지칠 겁니다

천천히 걷다 보면
목적지에 언젠가는
꼭 도착할 겁니다

함께 걸어요

함께 걷는 길

"엄마, 우리 같이 걸어요!"
아이가 내 손을 꼭 잡으며 말했다. 그 손은 아직도 작고 따뜻해서, 나를 다독이는 힘이 되어주었다. 창밖에는 저마다 다른 색깔로 빛나는 신호등이 번갈아 깜빡이고 있었다. 빨간 불, 초록 불, 노란 불. 마치 인생의 속도를 알려주는 것처럼 느껴졌다.
"그래, 우리 함께 걸어가자."
나는 아이에게 웃으며 답했다.

인생은 신호등 같아서, 때로는 멈추라고, 때로는 서두르라고 말하는 것 같지.
"엄마, 근데 왜 멈춰야 해요? 계속 가면 안 돼요?"
작은 목소리에 나는 잠시 생각에 잠겼다.

"그렇지, 쉬지 않고 계속 걷다 보면 너무 지치고 말거야. 한 번쯤은 쉬어가도 괜찮단다."
살며시 아이의 머리를 쓰다듬으며 말했다. 아이의 눈망울에 피로가 맺히는 걸 보고, 내 마음도 무거워졌다.
"엄마, 나도 가끔 힘들 때가 있어요."
그렇게 솔직히 고백하는 아이가 너무나 사랑스러웠다.

나는 자연스레 바람에 흔들리는 나뭇잎들을 바라보며 말했다.
"나무들도 봐, 바람이 너무 세면 잠시 멈추고, 다시 천천히 흔들리지. 그러다 어느새 제자리로 돌아오잖아."
"나도 때로는 천천히 걸을게요."
아이의 말에 나는 고개를 끄덕이며 안심했다.

우리 인생의 길은 멀고 험할지도 모르지만, 중요한 건 혼자가 아니라 함께 걷는다는 거야. 때로는 신호등이 빨간불이 되어 우리를 멈추게 하지만, 그 시간조차 우리에게 필요한 쉼과 배움이 될 테니까.

"함께 걸으면 얼마나 힘이 되는지 몰라. 너무 빠르지 않아도 괜찮아, 우리만의 속도로, 천천히."
나는 아이들에게 은은한 미소를 지으며 속삭였다.

지금도 내 손에 닿은 그 작은 손처럼, 너희가 서로의 신호등이 되어주길, 그리고 잠시 멈춰 쉬어가야 할 때는 서로의 품에서 쉬어가길 바란다. 인생이라는 길 위에서, 우리는 함께 걸어가는 여행자니까.

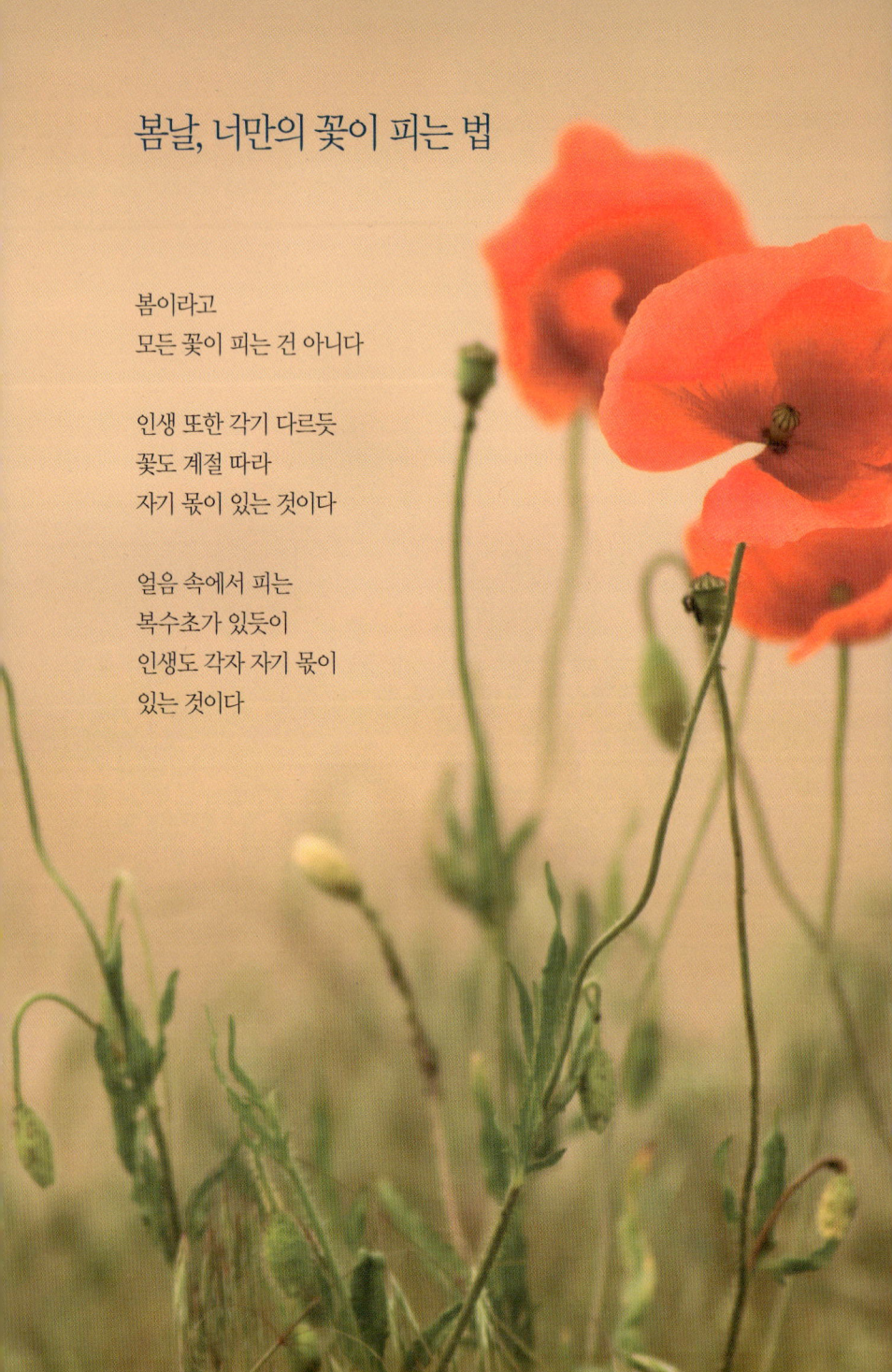

봄날, 너만의 꽃이 피는 법

봄이라고
모든 꽃이 피는 건 아니다

인생 또한 각기 다르듯
꽃도 계절 따라
자기 몫이 있는 것이다

얼음 속에서 피는
복수초가 있듯이
인생도 각자 자기 몫이
있는 것이다

봄날, 너만의 꽃이 피는 법

"엄마, 봄이 왔어요! 꽃도 다 피었나요?"
작은 목소리가 집 안을 가득 채웠다. 나는 미소 지으며 창밖을 바라보았다.
"그래, 봄이 왔지. 그런데 말이야, 봄이라고 해서 모든 꽃이 다 피는 건 아니란다."

바람에 실려 오는 꽃 향기와 따스한 햇살 속에서, 그 말이 무겁게 마음에 내려앉았다. 창밖에는 벌써 연분홍 진달래와 산수유가 고운 빛을 뽐내고 있었지만, 그 속에서도 아직 고개를 들지 않은 겨울의 흔적들이 보였다.

"왜 모든 꽃이 다 피지 않을까?"
아이의 눈망울에 호기심이 반짝였다.
"그건 말이지, 인생이랑 참 비슷한 거란다."
나는 아이의 작은 손을 잡으며 말했다.
"사람마다, 각자 피어날 때가 다 다르듯, 꽃들도 각자 자기만의 계절과 때가 있는 거야."

가만히 눈을 감아보면, 얼음 속에서도 꿋꿋이 피어나는 복수초가 떠오른다. 그 작은 노란 꽃은 춥고 어두운 겨울을 뚫고 나와 세상을 밝히지.
"그렇구나, 나도 언젠가는 꼭 피어나야지."
아이의 목소리에 나는 깊은 감동을 느꼈다.

"맞아, 우리 모두 자기만의 계절을 기다리고 있는 거야."
내 마음 속에서도 한 송이 꽃이 서서히 피어나는 것 같았다. 힘들고 지칠 때도 괜찮다고, 너무 서두르지 말라고. 내 안의 엄마는 그렇게 아이들에게 살며시 속삭였다.

"봄이라고 모두가 동시에 피어나지 않아도 괜찮단다. 너희가 너희만의 시간과 자리에서 아름답게 피어날 때, 그 꽃은 세상에서 가장 빛나고 소중할 거야."

창밖에서 바람이 살랑이고, 햇살은 부드럽게 땅을 적신다. 내 아이들아, 네가 지금 어디에 있든, 어떤 계절을 지나고 있든, 그곳이 바로 너만의 봄임을 기억하렴.

그래서 나는 오늘도 너희에게 말한다.
"너희의 봄을, 너희의 꽃을 믿어라. 그것이 삶이라는 자연의 이치란다."

한지 만드는 아이

얼음이 꽁꽁 언 날
아이는 작업실에서 한지를 만든다

고무장갑도 끼지 않고
찬물에 손을 담그며 한지를 만든다

나는 유리창 너머로 바라본다
아이는 시린 손을 호호 불며 한지를 만든다
찬물에 손 등이 빨갛게 익어가는
아이의 모습에 심장이 저려온다
나는 유리창 밖에 서서

한지 만드는 빠알간 시린 손을
바라보며 울고 있었다

흐르는 눈물은
얼굴에 꽁꽁 얼어붙는다

한지 만드는 아이

겨울은 언제나 그렇게 매서웠다. 얼음이 꽁꽁 언 어느 날, 나는 유리창 너머로 작업실 안을 들여다보았다. 작업실 한 켠, 아이가 한지를 만들고 있었다.

"왜 고무장갑도 안 끼고 그렇게 차가운 물에 손을 담그고 있니?"
내 마음이 먼저 걱정스러워 물었지만, 아이는 고개를 들지도 않고 묵묵히 한지 틀을 조심스레 다루었다. 찬물이 손등을 적시면 붉게 익어갔다. 그 작은 손이 얼마나 시릴까. 내 심장은 저려왔고, 나는 유리창 밖에 서서 그 모습을 숨죽여 지켜보았다.

"엄마, 손 시려워."
아이의 목소리가 조용히 방 안을 메웠다. 그 목소리에 나는 겨우 겨우 대답할 수 있었다.
"조금만 참아, 아주 잠깐만 더."

바깥은 얼음처럼 냉기가 감도는 겨울이었다. 바람은 나무 가지 사이를 스치고, 하늘은 흐릿하게 잿빛이었다. 그런 날, 아이의 손끝에서는 새로운 생명이 태어나고 있었다.

한지 한 장 한 장, 그 손길이 너무도 섬세했다. 차가운 손끝에서 따뜻한 예술이 태어나듯, 내 마음 한구석에도 뭔가 잔잔한 감동이 피어났다.

"엄마, 왜 울어요?"
아이의 물음에 나는 얼른 고개를 저었다.
"아니야, 바람이 차서 그래."

하지만 내 눈가에 맺힌 눈물은 이미 꽁꽁 얼어붙고 있었다. 아이는 모른 채 다시 작업에 집중했고, 나는 그 모습 속에서 무언가를 배웠다.

"아가야, 인생도 이 한지 만들기와 같단다."
나는 속삭였다.
"때로는 차갑고 힘든 물에 손을 담가야 할 때도 있지만, 그 속에서 우리는 단단해지고, 아름다운 것을 만들어내지."

너희가 자라나는 모습을 바라볼 때마다 느껴지는 것이 있다. 너희의 손끝에서 피어나는 따뜻한 꿈과 노력, 그것이 바로 우리 가족의 한지라고, 엄마는 그렇게 믿는다.

차가운 겨울바람 속에서도, 너희의 마음은 언제나 따뜻하고 강하게 자라길 바란다.

그날처럼 유리창 너머로 바라본 그 겨울의 아이처럼, 너희도 삶이라는 작업실에서 한지를 만들 듯 하나하나 정성을 다해 아름다운 너희만의 이야기를 엮어가길 바란다.

흐르는 구름, 흘러가는 우리

구름은 쉬는 거 같지만
구름은 쉬지 않고
어디론가 계속 흘러간다

구름은 하늘을
어두운 구름 속에 가둬 놓지만

구름은 바람에 흐트러져
어디론가 흘러간다

구름은
우리네 인생하고 똑같다

흐르는 구름, 흘러가는 우리

어느 여름날 오후, 창문 너머로 하늘을 바라보던 나는 구름 한 점에 마음이 멈췄다. 그 부드러운 하얀 덩어리들은 마치 쉬고 있는 듯 느껴지지만, 사실은 끊임없이 흘러가고 있었다.

"엄마, 구름도 쉬어야 하지 않아요?"
작은 아이가 호기심 어린 눈으로 물었다. 나는 미소 지으며 대답했다.
"구름은 쉬는 것처럼 보여도 실제로는 멈추지 않고 흘러가는 거란다. 우리가 잠시 멈추는 것과는 달라."

그날 하늘은 파랗고, 바람은 가벼웠으며, 햇살은 따사롭게 내리쬐었다. 구름은 해와 별, 달을 잠시 가렸다가도 바람에 흩어지며 다시 길을 떠났다.

"구름이 바람에 흐트러져서 어디론가 가는 모습을 보니까, 우리 인생 같다는 생각도 들어요."
큰아이가 조심스레 말했다.

"그래, 참 맞는 말이야."
나는 눈을 감고 천천히 말을 이었다.

"인생도 구름처럼 쉬는 듯 보여도 쉬지 않고 계속 흘러가. 좋을 때도, 어두울 때도 있지만 결국은 바람을 따라 새로운 곳으로 나아가는 거야."

어느새 저 멀리서 구름이 뭉게뭉게 모여 또 다른 모양을 그리기 시작했다. 그 모습은 마치 인생의 파도처럼 부서지고, 다시 모였다가 흘러가는 연속이었다.

"엄마, 우리도 그렇게 바람 따라 흘러가면서도, 언젠가 좋은 하늘을 만나겠죠?"
막내가 희망 어린 목소리로 말했다.
"물론이지. 그게 바로 삶의 아름다움이란다."
나는 아이들의 작은 손을 꼭 잡으며 말했다.

구름처럼, 우리도 쉬는 것 같아도 멈추지 않고 흐른다. 때로는 어두운 구름에 갇혀 힘들고 고단하지만, 바람이 불면 그 구름은 흩어지고 다시 새로운 빛을 맞는다.

내 사랑하는 아이들아, 너희 인생도 그렇게 흘러가며 때론 쉬는 듯 보여도 멈추지 말고, 언제나 바람 따라 너희만의 하늘을 향해 가길 바란다. 구름이 가르쳐준 삶의 노래를 너희 마음속 깊이 새기며, 엄마는 오늘도 너희의 길을 응원한다.

나를 위해 부르는 노래

빛은 눈으로 보고
그리움은 마음으로 보고
설렘은 몸으로 보고
꽃잎은 혀로 본다

나를 위해 부르는 노래

어느 봄날, 창밖으로 부드러운 햇살이 스며들던 그 순간이었다. 나는 한참을 멍하니 빛을 바라보다가 문득 너희가 떠올랐다.
"엄마, 빛은 눈으로만 보는 거죠?"
큰아이가 천진한 목소리로 물었다. 나는 웃으며 고개를 저었다.
"그냥 눈으로 보는 빛이 아니란다. 빛은 마음으로도, 영혼으로도 보는 거야."

햇살은 창가에 내려앉아 따스한 춤을 추고, 바람은 은은히 봄꽃 향기를 몰고 왔다. 그 향기를 맡으며 나는 또 한 번 생각했다. 그리움은 눈에 보이지 않지만, 마음으로는 선명히 느낄 수 있는 것이고, 설렘은 몸이 먼저 알아채는 묘한 떨림이라는 것을.

"그럼 꽃잎은 어떻게 보는데요?"
막내가 고개를 갸웃하며 물었다.
"꽃잎은 혀로 본다고 할 수 있지."
내 대답에 아이들은 멍하니 나를 바라보았다.
"혀로 본다니, 무슨 뜻이에요?"
큰아이가 호기심을 감추지 못했다.

"그건 말이지, 꽃잎을 눈으로 보기만 하는 게 아니라, 그 부드러운 촉감과 그윽한 향기, 그리고 달콤한 기억까지 온몸으로 느끼고 맛보는 거란다. 꽃잎처럼 삶도 그렇게 온몸과 마음으로 느끼고 즐길 줄 알아야 해."

어린 시절 너희를 품고 지냈던 그때를 떠올리며, 엄마는 너희가 세상의 모든 빛과 그리움, 설렘과 부드러운 꽃잎을 깊이 음미하며 살기를 바란다.

"경민아, 너도 알지? 삶은 단순히 보는 게 아니야. 느끼고, 맛보고, 마음으로 기억하는 거란다."

창밖에는 벚꽃이 살랑이고, 새들이 조용히 노래하는 봄날이었다. 그 빛과 향기가 우리 가족의 기억 속에 오래도록 머무르길 바라며, 나는 오늘도 조용히 속삭인다.

빛을 눈으로 보고, 그리움을 마음으로, 설렘을 몸으로, 그리고 꽃잎을 혀로 느끼는 너희에게… 삶의 모든 순간을 오롯이 맛보고 사랑하라는, 엄마의 은밀한 속삭임이다.

겨울, 그 안의 따스함을 기다리며

겨울은 왜 이렇게
추울까
겨울이라 춥겠지.

그러나
겨울은 포근한 눈이 내릴 때가 있고
때로는 추운 얼음 눈이
내릴 때가 있지.

모든 게 마비되고 살기 어려워 춥고
추운 것은 따뜻한 것에 감사할 줄
아는 마음을 갖게 해주는 것이지.

꽁꽁 얼어붙은 어려운 마음
새봄이 오면 풀리겠지.

기대해 본다

겨울, 그 안의 따스함을 기다리며

"엄마, 겨울은 왜 이렇게 추워요?"
어느 겨울날, 커다란 창문 앞에 앉아 있던 막내가 조용히 물었다. 나는 창밖을 바라보았다. 하얗게 내리는 눈송이가 세상을 포근하게 덮고 있었지만, 바람은 여전히 차가웠다.
"그래, 겨울이니까 춥지."
나는 웃으며 대답했다. 하지만 마음속으로는 조금 달랐다. 겨울은 단지 '춥다'라는 말로만 설명할 수 없는 계절이었다. 어떤 날은 눈이 살포시 내려 세상을 하얗고 부드럽게 감싸 안아준다. 그 눈 속에는 포근함과 평화가 담겨 있었다.

"근데, 엄마, 눈이 내릴 때도 달라요?"
"그래, 때로는 따뜻한 눈이 내리고, 때로는 얼음처럼 차가운 눈도 내려. 그것도 다 겨울이야."
겨울은 모든 것을 멈추게 만드는 힘이 있다. 나무 가지는 얼어붙고, 들판은 숨을 죽인다. 하지만 그런 혹독한 추위 덕분에 우리는 따뜻함을 더 깊이 감사하게 된다.
"춥기에 더 뜨거운 온기를 알 수 있는 거란다."
아이들의 얼굴을 바라보며 생각했다. 삶에도 이렇게 꽁꽁 얼어붙은 순간들이 있겠지. 어려움 속에서 숨이 막힐 듯한 시간들이 있겠지. 하지만 새봄이 오면, 얼음은 녹고, 차가웠던 마음도 서서히 풀릴 거라고.

"엄마, 나도 겨울 끝나면 따뜻해질까요?"
"물론이지, 그게 바로 봄이 오는 이유란다. 겨울이 있어야 봄이 더 소중한 거니까."

그 말을 하며 나는 내 아이들에게 속삭였다.
"겨울 같은 시련도 언젠가는 지나가고, 그 속에서 더 따뜻한 마음을 배우는 거란다."

밖에서는 아직 찬바람이 불고, 나무 가지마다 눈꽃이 피어 있었다. 그러나 그 눈꽃은 차갑기만 한 것이 아니라, 언젠가 올 봄의 약속처럼 희망을 품고 있었다.

겨울이 지나고 봄이 찾아오듯, 너희도 힘들고 추운 시간을 지나면서 더 깊고 넓은 마음의 봄을 맞이하게 될 거야.
"기다려 봐, 새봄은 반드시 온단다."

아이들의 눈망울에 봄 햇살처럼 따스한 빛이 스며들 때까지, 나는 오늘도 이 겨울 속에서 조용히 속삭인다.

겨울은 추운 만큼, 따뜻함을 기다리게 하는 계절이다. 삶의 겨울을 지나며 배운 그 기다림이, 너희 마음의 봄을 더 빛나게 할 것이다.

나는 주부 시인

나는 이름 없는 주부 시인
작업실 하나 없이 작은 방에 쪼그리고 앉아 글을 쓴다

젊었을 땐 남편과 아이들을 위해 최선을 다해 살았다
그런 나의 삶에 갱년기가 찾아와 불면의 밤이 계속되었다
그때마다 밤새도록 공책에 낙서를 했다

핸드폰도 없던 시절, 공책을 펼쳐 쓰고 지우고
틀리면 연필로 검게 지우고 다시 썼다
그렇게 밤을 보냈다

쓰고 지우고 몇 년이 지났을까
갱년기는 자연스럽게 내 몸에서 떠났고
낙서는 시로 남았다

나는 갱년기를 낙서로 치유했고
낙서는 시가 되었고 그리고 주부 시인이 되었다

나는 주부 시인

"엄마, 어디서 그렇게 글을 써?"
막내가 궁금한 듯 다가온다. 나는 조용히 미소 지었다. 작은 방 한구석, 작업실 같은 건 없다. 오직 낡은 책상과 연필, 그리고 공책 하나. 그게 내 작업실이자, 나만의 세계다.

나는 '주부 시인'이라는 이름 없는 존재다. 늘 가족을 위해 달려왔던 내가 이제야 나를 위한 시간을 조금씩 만들어 가는 중이다.

젊은 시절, 나는 온 힘을 다해 남편과 세 아이를 돌보았다.
"엄마, 밥 먹었어?"
"곧 준비할게."
하루하루가 그렇게 바쁘게 흘러갔다.

그런데 어느 날, 갱년기가 찾아왔다.
몸은 천근만근 무겁고, 밤마다 잠은 멀리 달아났다.
"잠이 안 와…"
그럴 때면 나는 작은 방으로 가서 공책을 펼쳤다.

핸드폰도 없던 그 시절, 글을 쓰고 또 지우고, 연필심이 검게 닳도록 몇 번이고 다시 썼다.
"여기서 조금만 더, 다시 한 번…"
밤은 깊어가고, 내 마음도 서서히 달래졌다.

창밖에는 고요한 달빛과 밤바람이 스며들었고, 작은 방 안에선 조용히 나만의 이야기가 쌓여갔다. 낙서 같던 글들이 어느새 시가 되어, 내 마음 한 켠에 소중히 자리 잡았다.

"엄마, 그 글들은 뭐야?"
아이들은 가끔 묻는다.
"그건 엄마 마음이 담긴 작은 이야기란다."
나는 그렇게 대답한다.

삶은 늘 완벽하지 않다. 때로는 고단하고, 때로는 외롭다. 하지만 그 모든 순간도 우리가 살아가는 이야기의 일부다. 그 낙서들이 결국 나를 치유했고, 나를 시인으로 만들었다.

아이들아, 너희가 앞으로 마주할 세상도 때론 힘들고 복잡할 거야. 하지만 기억해라. 우리 인생도 낙서 같은 작은 순간들이 모여 아름다운 시가 된다는 것을.

언젠가 너희도 너희만의 작은 방에서 조용히 마음을 펼칠 수 있길 바란다.

그리고 언젠가, 그 낙서들을 부끄러워하지 말고, 세상에 내놓을 수 있기를. 그것이 진정한 너희의 노래가 될 테니까.

작은 방에서 시작된 글들이, 내 삶을 잔잔히 밝혀 주었다.

문풍지 우는 겨울밤

윗목에 물 떠놓고 자면 아침에 물이 살짝 얼었다
아랫목에서 이불 푹 뒤집어 쓰고 동생들과 서로 붙어 잠을 자곤 했다

사랑방엔 수수대로 높이 성을 쌓고 고구마 한가득 담아 이른 봄까지
간식으로 쪄 먹고 구워 먹고
눈이 하얗게 내린 날은 고구마를 눈 속에 던져 놓고
꽁꽁 언 고구마 눈 속에서 꺼내다 씹어 먹기도 했다

어쩌다 껌을 씹으면 껌이 아까워 잠잘 땐 벽에 붙어 놓고 자다가
누가 먼저 일어날세라 모두가 같은 시간에 일어나
맨 먼저 껌을 떼먹는 사람이 임자다

막내 동생은 언제나 늦잠꾸러기,
일어나 벽에 껌이 없으면 떼를 쓰며
울기 시작했다

아침에 눈을 뜨면 잠잘 때까지
온 동네가 아이들로 시끌벅적했다
우리 어린 시절엔 그렇게 살았다

문풍지 우는 겨울밤

"엄마, 요즘 겨울은 왜 이렇게 따뜻하지?"
둘째가 히터 앞에서 이불을 뒤집어쓴 채 묻는다. 나는 웃으며 머리를 쓰다듬어주었다.
"그래서 엄마 어릴 적 겨울 이야기는 너희한테 동화처럼 들릴 수도 있겠다."
"눈이 무릎까지 오고, 물이 얼고, 방 안에서 입김이 보였다는 그 얘기?"
"응. 그리고 이불 속에서 세상 전부를 품고 자던, 그 겨울밤 말이야."

내가 자란 집은 기와집이었다. 두 칸짜리 아랫방, 사랑방, 그리고 마루 하나. 겨울이면 윗목에 떠놓은 물이 아침이면 살짝 얼어 있었다. 손가락으로 살짝 눌러보면 바삭하고 얼음이 갈라졌다.
"얘들아, 오늘도 물 얼었어!"
그러면 동생들은 "진짜?" 하고 이불을 헤집고 나와 구경하곤 했다.

하지만 윗목은 추웠다. 그래서 우리는 늘 아랫목에서 이불을 꾹꾹 눌러쓰고, 몸을 꼭 붙여 자야 했다.
"야, 너 너무 따뜻해. 덥다니까."
"그럼 저리 가! 나는 네 발 차게 더 싫어."
사이좋게 지내는 날도 있었고, 이불 속에서 소곤소곤 싸우는 날도 많았다. 하지만 그 속엔 늘 사랑이 있었다. 서로가 서로의 난로가 되어 주는, 어린 날의 겨울이었다.

사랑방 한켠엔 수수대가 쌓여 있었고, 그 위엔 고구마가 한가득 담겨 있었다.
"이건 봄까지 먹을 거니까 함부로 꺼내지 마라!"
엄마는 늘 그렇게 말했지만, 눈이 펑펑 내린 날이면, 우린 몰래 고구마를 꺼내 눈밭에 던졌다.
"눈 속에 넣으면 더 맛있어진대!"
꽁꽁 언 고구마를 껍질째 씹으며 깔깔 웃던 그 겨울날. 입안은 얼얼했지만, 마음은 뜨겁게 데워졌다. 겨울은 그렇게, 입 안 가득 군고구마 냄새로 남아 있다.

아침에 눈을 뜨면, 해가 질 때까지 동네는 아이들 웃음으로 가득했다. 골목 어귀마다 딱지 치는 소리, 고무줄 튀기는 소리, 달리다 넘어지면 "괜찮아?"보다 "먼저 일어나!" 하는 외침. 그렇게 하루하루가 온몸으로 살아낸 계절이었다.

지금 너희들 눈엔, 그 시절이 몹시 불편하게만 보일지 모르겠다. 하지만, 엄마는 그 겨울이 참 따뜻했다고 기억해. 문풍지는 울고, 손은 트고, 이불은 얇았지만 그 시절엔 추위도, 가난도, 꿈도 함께 껴안고 살았단다.

아이들아, 세상은 점점 편리해지고 따뜻해지고 있지만, 그 속에서 잃어버리는 것도 있다는 걸 기억해 줘. 가장 따뜻한 온기는 기계가 아니라 사람에게서 나오는 거란다. 어쩌면 추억이란 건, 눈밭에 던져두었던 고구마처럼 시간이 흐를수록 더 깊은 맛으로 익어가는지도 몰라.

그래서, 엄마는 이 겨울밤, 다시 그때의 문풍지 소리를 떠올리며 너희에게 말하고 싶다.
"우리의 진짜 따뜻함은, 서로의 품 안에 있을 때 자라난단다."

그러니, 언젠가 너희도 누군가의 겨울이 되어줄 수 있기를 바란다. 조용히 울던 문풍지처럼, 소리를 내지 않아도 마음을 데워주는 그런 사람이…

우리 동네는 장골

내가 태어나 살던 장골 마을, 이제는 신용화동

놀이터 없이 자란 우리는 남산을 뛰어다녔다
그곳은 우리의 세상이었다

내가 소녀였을 때 남산의 나무는 키가 작았고
그 중턱에 사슴 목장이 있었다
허허벌판에서 놀다 허기지면 칡뿌리 하나 캐 먹었다
그래도 그때만큼은 우리는 남산 어디에서나 숨 쉴 수 있었고,
우리의 발자국소리는 대지의 속삭임 같았다

그러나 55년이 지난 오늘, 빌딩 숲이 우뚝 솟아
옛 모습은 온데간데없다.
다만 등기소 자리가 내가 살던 집터라는 사실만 남았다
그래도 다른 것 다 변하였어도
도시의 소음 속에서도 굳건하게 버티는 남산

이젠 세월이 남긴 그 그늘 속에서
남산의 나무가 주는 고요한 숨결을 맞이한다

우리 동네는 장골

"엄마, 엄마는 어디서 자랐어?"
아이들이 무심히 물었을 때, 나는 한참을 말없이 창밖을 바라봤다. 그 창 너머엔 아파트 숲이 가득했고, 자동차 소음이 흘러나오는 회색 거리엔 풀 한 포기 없이 바람만 스쳤다. 그 순간, 나는 오래전 기억의 문 하나를 열었다. 그 문 너머엔, 흙냄새 나고 햇살이 뜨겁던 장골 마을이 있었다.

"엄마는 '장골'에서 자랐어. 지금은 이름이 바뀌어서 신용화동이라고 불리지만, 엄마 마음속엔 아직도 그 동네 이름은 장골이야."
"장골? 이름이 귀엽네."
"응, 장골은 작고 조용한 동네였어. 놀이터도 없었고, 미끄럼틀도 그네도 없었지만, 그 대신 엄청난 놀이터가 있었지."

나는 아이들의 눈을 바라보며 조용히 말을 이어갔다.
"남산이라고 들어봤지? 바로 그 산이 엄마들의 놀이터였단다."

내가 소녀였던 시절, 남산은 지금처럼 울창하지 않았다. 나무들은 아직 성장 중이었고, 그 중턱에는 사슴 목장이 있었다.
"진짜 사슴이요?"

"그럼. 커다란 눈망울에, 얌전하게 풀을 뜯는 사슴들이 있었어. 우리들은 산 중턱까지 헉헉대며 올라가곤 했지."

산은 자유였다. 나뭇잎이 속삭이는 언덕길, 바람에 풀잎이 넘실거리는 그 넓은 허허벌판에서 우리는 뛰고 구르고, 웃음소리를 쏟아냈다. 배가 고프면 어떡했냐고?
"칡뿌리를 캤지. 땅을 파고 손에 흙을 잔뜩 묻히면서."
그 뿌리를 씹으며 허기를 달래고, 입가엔 웃음이 묻었다. 무언가 부족하던 시절이었지만, 우리는 부족하다는 걸 몰랐다. 왜냐하면 그곳엔 자유가 있었고, 우리가 숨 쉴 수 있는 바람이 있었으니까.

발자국마다 이야기가 담겼고, 그 소리는 대지의 숨결 같았다. 뛰노는 우리들을 품어주던 그 땅은, 지금 생각해보면 엄마의 품과도 같았다. 아무 말 없이, 다 받아주던 그 땅이.

하지만 그로부터 55년이 흐른 지금, 장골의 모습은 온데간데없다. 남산은 아직 그 자리에 있지만, 그 앞은 빌딩숲으로 가려져버렸다. 길은 넓어졌고, 사람들은 빨라졌고, 숨 쉴 틈은 더 좁아졌다. 어디에 서 있어도 바람보다 먼저 들려오는 건, 자동차 경적과 공사장 소음뿐이다.

예전 우리 집이 있던 자리는 이제 등기소 건물이 들어서 있다. 내가 뛰놀던 마당, 엄마가 호박꽃 따다 부치던 부엌, 아버지가 장독대 옆에서 담배를 피우던 그 조그만 마당이, 지금은 회색 건물의 지하철 입구 옆

어딘가로 사라져 버렸다.

그럼에도, 나는 남산을 향해 천천히 걸어간다. 도시의 소음 속에서도 묵묵히 자리를 지키고 있는 남산.
그 나무들은 어느새 훌쩍 자라, 이제는 내 그림자도 가려준다. 그 아래 서면 마치, 오래된 친구를 만난 듯 마음이 놓인다. 바람은 여전히 나뭇가지 사이를 흐르고, 잎새는 속삭인다.
"너, 그때 여기 있었지?"

그래, 나 여기 있었지. 그리고 너희, 내 아이들에게도 말해주고 싶다.
"애들아, 기억해. 세상은 늘 바뀌고, 많은 것이 사라지지만, 진짜 소중한 건 마음 속에 살아남는단다. 그리움은 쉽게 무너지지 않아. 언젠가 너희가 세상이 벅찰 때, 그 속에서 숨 쉴 공간을 찾고 싶을 때, 너희 마음 속 남산 하나쯤은 있었으면 좋겠어."

장골은 이름만 남았다. 하지만 내 가슴엔 아직 그 시절의 흙냄새, 바람소리, 그리고 그 모든 걸 담아주던 남산이 살아 있다.

이제 나는 세월이 남긴 그 그늘 아래에서 남산의 나무가 주는 고요한 숨결을 마주하며 살아간다. 그 숨결은 말없이 말해준다.
"변한 건 많지만, 넌 아직 여기 있어."

그리움은 가슴에 잠잔다

어머니란 이름, 불러도 불러도 싫증이 나지 않는다.

어머니란 이름, 오랜 세월 부르지 못해도
절대 잃어버리지 않는다

어린 나는 자주 아팠고
내가 아파 병원에 누워 있으면
매일 물수건으로 내 몸을 닦으며
어머니가 말하였다
"아가야, 어서 훌훌 털고 일어나,
친구들과 뛰어놀아야지"

어머니는 말을 하면서
눈물로 가득 차 마를 새가 없었다

세월이 흘러 내가 어머니가 되었고
새삼 어머니란 이름에
그리움만 쌓인다

그리움은 가슴에 잠잔다

"엄마, 할머니는 어떤 분이셨어?"
큰아이가 어느 날, 뜬금없이 물었다. 나는 잠시 말이 없었다. 대답보다 먼저, 가슴이 먼저 반응했다. 그 이름을 떠올리면 아직도 마음 한켠이 저릿하니까. 그리고 그리움은, 참 이상하게도, 시간이 갈수록 더 선명해지는 법이니까.

"할머니는… 조용한 분이셨어. 말보다는 손이 먼저였고, 걱정보다는 미소가 먼저였던 사람."
나는 그렇게 말했지만, 사실 그 말로는 부족했다. 그 사람은, 나의 첫 포근함이자, 마지막 위로였다.

어릴 적, 나는 유난히 아픈 아이였다. 한겨울 감기는 나를 그냥 두지 않았고, 봄철엔 알레르기로 숨이 차곤 했다.
"또 병원 가야 하나…"
어머니는 늘 한숨과 함께 내 이마를 짚었다.

작은 병원 침대에 누워 있을 때마다, 어머니는 물수건을 따뜻한 물에 적셔 내 몸을 닦아주셨다. 물기 묻은 손길은 부드러웠고, 그 손끝엔 사랑이 묻어 있었다.

"아가야, 어서 훌훌 털고 일어나. 친구들이 기다릴 텐데."
그 말 속엔 조급함도, 안타까움도, 그리고 간절함도 있었다.

하지만 정작 목소리는 자꾸만 떨렸고, 눈가는 마를 새가 없었다. 눈물은 조용히 흐르며 어머니의 입술에까지 닿곤 했다.
"엄마, 왜 울어?"
어린 내가 묻자 어머니는 꼭 웃으며 대답하셨다.
"아니야, 눈에 뭐가 들어갔나 봐."

그때 난 몰랐다. 그 눈물이 나 때문이라는 걸. 그 사랑이, 몸이 아니라 마음으로 하는 기도였다는 걸.

세월은 흘렀고, 이제 나는 어머니가 되었다. 세 아이를 키우며, 아이들이 아플 때마다 나는 거울을 본다. 거기엔, 예전의 어머니 얼굴이 나를 보고 있다.

"엄마도 나 어릴 때 이랬을까?"
"그럼. 너희 셋 다 아프면, 엄마는 늘 밤을 꼬박 새웠단다."
"그래도 엄마는 강하잖아."
아이가 던진 말에 난 웃었지만, 사실 그 강함도 어머니에게서 배운 것이었다.

아이들 몰래 베개를 적시던 밤도 있었고, 속으로 삼키던 눈물도 수없이 많았다. 그 모든 순간마다 가슴 깊은 곳에서 누군가가 나직이 말했다.
"괜찮다. 이겨낼 수 있다. 너는 이제 어머니다."

이제 나는 안다. "어머니"라는 이름은 세월이 아무리 흘러도 잊히지 않는 이름이라는 걸. 부르지 않아도 마음에 늘 살아 있는 목소리라는 걸.

아이들아, 언젠가 너희도 어머니가 되거나, 누군가의 그늘이 되어줄 날이 올 거야. 그때 너희가 느끼게 될 거야. 그리움은 소리 없이 가슴에 스며들고, 사랑은 때로 가장 조용한 모습으로 곁에 머문다는 걸.

그리고, "어머니"라는 이름은, 결국 너희 마음속에서 가장 오래 잠드는 이름이 된단다. 그리움은 그렇게, 가슴 속에서 조용히 잠들며, 가끔씩 너희를 깨우러 올 거야. 그럼 그냥 그리워해도 돼.

괜찮아, 사랑이란 그런 거니까.

늙은 나무는 바람에도 말이 없다

젊었을 땐 자식의 재롱에 성장하는 모습을 보며
오직 자식만을 위해 고된 삶을 이겨내며 살았다

그 속에서 행복도 조금씩 누리며
하지만 그 시간은 짧고 알지 못한 채
세월은 가고 몸은 늙고
자식들은 둥지를 떠나 저마다의 보금자리를 찾았다

이 나이가 되어서도 자식들의 뒷바라지에 여전히 허덕이는 노인
"이제는 이 몸 하나 의지할 곳도 없다.
어이 할까?"

가난을 자식에게 물려주고 싶지 않아서
늙은 몸뚱이 지쳐 쓰러져도
멀리 있는 자식들에게는 말하지 못하네

그래도 이 세상에 머무는 동안
꿋꿋하게 살아야 하기에
모든 고뇌를 견디며 살아가는 것이 인생이련가?

나는 반찬 봉사를 하러 어르신 집에 방문한다
어르신들은 오늘도 이야기보따리를 풀어 놓는다

늙은 나무는 바람에도 말이 없다

"엄마, 나중에 늙으면 뭐 하고 싶어?"
막내가 무심히 내뱉은 물음 하나가 가슴에 깊이 꽂혔다. 나는 대답을 망설였다. 그 물음은 나를 거울 앞에 세워놓고 내 미래를 슬쩍 보여주는 것만 같았으니까.

"글쎄… 늙으면 그저 조용히, 나무 그늘처럼 그렇게 있고 싶다."
말은 그렇게 했지만, 속마음은 달랐다. 나도 안다. 늙는다는 건 조용한 게 아니라, 삶의 잔향을 하나씩 내려놓는 일이라는 걸.

햇살이 엷게 들이치는 오후, 반찬 봉사를 나간 날이었다. 작은 도시의 오래된 골목 안, 낡은 시멘트집 대문 앞에서 할아버지를 만났다. 마른 몸에 구부러진 등, 주름이 깊게 패인 얼굴은 마치 세월이 새긴 지도 같았다. 하지만 그 눈빛은, 어쩐지 자주 하늘을 올려다보는 아이처럼 맑았다.

"어서 오게. 또 수고가 많네."
그의 목소리는 나직했지만 정갈했고, 안쪽 방엔 이미 밥상이 가지런히 놓여 있었다.
"이제 뭐, 별다른 건 없어. 그냥 이렇게 하루하루 살아가는 거지."

그는 반찬통을 정리하며 중얼거리듯 말했다. 그의 말 한마디 한마디는 삶의 밑바닥에서 건져 올린 작은 조각 같았다.
"젊을 땐 그저 애들 밥만 잘 챙기면 세상이 다 해결되는 줄 알았지."
창밖으론 느지막한 바람이 나뭇잎을 흔들며 지나가고 있었다.
"큰애 돌 때, 허리가 나갈 뻔했어. 그래도 애가 웃으면 세상이 다 내 편 같았지."

그의 이야기는 멈출 듯 이어졌다.
"다 키워 놓으니까, 이제 다들 제 집 찾아 떠났지. 잘됐어. 그래야지."
하지만 그 말 속엔 스치듯 씁쓸한 바람이 섞여 있었다.

"이제는 이 몸 하나 의지할 곳이 없네. 허리도, 무릎도 다 나갔어."
그러면서도 그는 헛기침을 하며 웃었다.
"그래도 자식들한테는 그런 말 못 해. 괜히 걱정만 시키지."
작은 방 안에 놓인 낡은 라디오가 켜져 있었고, 흘러나오는 트로트 한 소절이 방 안을 채웠다.
"내 자식, 잘살기만 해다오…"
그 멜로디는 어쩌면 이 집 주인의 마음을 대신 말하고 있었는지도 몰랐다.

나는 아이들에게 이 이야기를 들려주고 싶었다.
"얘들아, 늙는다는 건 어쩌면 인생이 조용히 물러나는 예의일지도 몰라. 그 안엔 사랑이 많고, 그만큼 말하지 못한 외로움도 있어."

부모는 나무처럼 서 있다. 바람이 불어도, 가지가 꺾여도, 그늘을 만들어주며 살아간다. 때론 말없이. 때론 눈물로. 그렇게 한 세월을 견디며, 사랑을 남긴다.

"그래도요 엄마, 그 할아버지는 참 씩씩하셨네요."
막내의 말에 나는 살짝 미소 지었다.
"그래, 그게 진짜 어른이지. 자식들 걱정 안 시키려고 혼자 바람 맞으면서도 웃을 줄 아는 사람."

이제 나도 그분들이 살아온 길 위에 서 있다. 아이들을 키우며, 그들 웃음에 마음이 덜컥 열리고, 또 눈물로 무너지기도 했다. 나는 아이들에게 말하고 싶다.

"언젠가 너희가 세상에 지칠 때, 엄마가 그늘 되어줄게. 비가 오면 비막이가 되어줄게. 늙은 나무지만, 아직 바람을 기억하고 있으니까."

그리고 너희도 기억해 줬으면 해.
"세상의 사랑 중, 가장 오래된 사랑은 말없는 기다림이란다."

세상이 조금 더 다정해졌으면 좋겠다. 오래된 이들의 주름을 가볍게 여기지 않고, 그 눈빛에서 지나온 시간을 읽을 수 있기를. 그것이 우리가 언젠가 닿게 될 모습이라는 걸, 너희도 서서히 알아갈 수 있기를.

붉게 익어가던 날의 추억여행

새벽이 오면, 동네 오빠들이 웅덩이를 향해 모여든다

추수 끝난 논 한가운데 웅덩이의 물을 새벽부터 퍼올리며
그들은 구슬땀을 흘린다

새벽의 어둠을 딛고 햇살이 비치면
어린애들은 옷을 벗고 진흙 속으로 뛰어든다

오빠들은 물고기들을 잡고
우리는 진흙 속에서 웃음을 잡았다
어느새, 오빠들은 양동이에 고기를 가득 담는다

나뭇가지 꺾어 불을 피워 물고기들을 구워 먹고
한쪽에서는 밭에 있는 고추, 호박, 파를 뜯어
솥에 넣고 어죽을 푹 끓여 먹는다
오빠들의 술타령 속에
붉은 석양은 서산으로 미끄러져 가고
그 얼굴들도 붉게 익어간다

붉게 익어가던 날의 추억여행

"엄마, 어릴 때 뭐 하고 놀았어?"
둘째가 소파에 엎드려 심심하다는 듯 묻는다. 나는 잠시 창밖을 바라본다. 저녁 노을이 유리창 너머로 천천히 물들고 있다. 마치 오래된 기억이 다시 내 마음을 물들이는 것처럼.

"엄마 어릴 적엔 새벽부터 논으로 나가곤 했단다."
"새벽에요? 학교 가기도 바빴을 텐데…"
아이의 눈엔 그 모든 것이 그저 옛이야기 속 허풍처럼 느껴질 것이다. 하지만 내 안의 그 기억은 아직도 선명하다. 물비린내, 흙냄새, 그리고 사람들.

그날도 그랬다. 추수가 끝난 논, 숨 쉬는 것조차 조심스러운 새벽이었다. 어둠이 아직 논바닥에 눌러앉아 있을 무렵, 동네 오빠들이 하나둘 웅덩이로 모여들었다.
"야, 퍼 올려야지. 해 뜨면 물 다 빠져나가버려."
오빠들의 이마에선 이슬처럼 땀이 맺혔고, 발밑의 진흙은 조용히 그들의 수고를 받아 안았다.

웅덩이의 물을 양동이로 퍼내며, 오빠들은 새벽의 적막을 깨웠다. 그들의 등은 젖었고, 팔에는 힘줄이 도드라졌다. 그 모습은, 어른이 된 지금 돌아보니 세상의 무게를 조금씩 나눠지고 있던 남자아이들의 뒷모습이었다.

햇살이 논두렁을 더듬듯 스며들면, 기다렸다는 듯 어린아이들이 옷을 벗어던지고 진흙 속으로 뛰어들었다.
"간지러워! 으악, 흙 벌레!"
"누가 내 다리 잡았어!"
비명이 섞인 웃음소리, 그건 마치 연주되지 않은 오케스트라 같았다. 자유롭고, 생생하고, 무엇보다도 살아있었다.

오빠들은 물고기를 잡았다. 우리는 웃음을 잡았다. 누구는 손에 물고기를 쥐었고, 누구는 마음에 여름의 기억을 쥐었다.

양동이 하나에 생선이 가득 찰 즈음, 아이들은 벌써 흙투성이가 되어 있었다.
"이제 불 피워야지. 어죽 먹을래?"
오빠 하나가 나뭇가지를 꺾어 불을 지폈고, 누군가는 밭에서 고추와 호박, 파를 훔쳐 왔다. 솥에 모든 걸 넣고 보글보글 끓일 땐, 온 동네가 국물 냄새로 들썩였다.

그 어죽은 세상 그 어떤 진수성찬보다 맛있었다.
소박했지만, 그 속엔 함께한 시간이 깊게 배어 있었다.

"엄마, 그 어죽… 진짜 맛있었겠네."
"응, 먹다 보면 속이 따뜻해졌단다. 꼭 누군가가 널 안아주는 것처럼."

석양은 그날의 마지막 조명이었다. 붉은 빛이 논바닥을 타고 퍼지고, 오빠들의 얼굴에도, 진흙 속 우리들의 볼에도 은은히 스며들었다. 그들은 술 한 잔에 웃고, 우리는 그 웃음을 받아먹었다. 세상이 붉게 물드는 동안, 우리 마음도 천천히 익어갔다. 어쩌면 그 붉음이, 사랑과 우정, 그리고 인생이란 것의 첫 그림자였는지도 모르겠다.

이제 내 아이들은 컸다. 논 대신 아파트, 웅덩이 대신 스마트폰이 있는 세상에서 자랐다. 하지만 언젠가, 인생이 고되고 외로워질 날이 온다면, 나는 이 이야기를 다시 들려주고 싶다.

"진흙 속에서도 웃음을 찾을 수 있단다."
"뜨거운 햇살 아래에서 퍼내던 물처럼, 삶의 고단함도 너를 조금씩 단단하게 만들어줄 거야."
"붉게 물드는 하늘을 보면 기억해. 삶은 때로는 어죽처럼, 투박하지만 따뜻하단다."

그리고 무엇보다도,
"사람은 결국, 추억으로 어른이 되는 거야."

고향은 엄마품이다

외로움이 밀려오면 혼자 멍하니 앉아
어릴 적 친구들과 고향에서 소꿉놀이하던 그 시절을 떠올린다

잊고 살았던 친구들
그들의 얼굴을 떠올리면 내 얼굴에도 웃음이 떠오른다

명신이 집 담장에서 돼지감자 캐 먹고
상철이네 돼지 잡으면 오줌보 꼭꼭 묶어
논 바닥에서 공놀이하던 그 시절
옛 생각을 하며 외로움을 조금씩, 그러나 단단히 이겨낸다

보름날이면 동네 오빠들, 언니들, 친구들 다 모여
친구들 집 부엌으로 몰래 들어가
밥을 훔쳐 먹고 웃음꽃을 피우던 그 시절.

어린 시절을 떠올리다 보면
어느새 외로움은 썰물처럼 떠나간다

고향은 외로움을 달래주는 엄마품이다

고향은 엄마품이다

"엄마, 어릴 적 친구들은 다 어디로 갔어요?"
막내가 가끔 묻곤 한다. 아이 셋을 키우며 어느덧 세월이 훌쩍 흘렀다. 그 물음에 나는 잠시 말을 잇지 못하고, 마루 끝자락에 앉아 그 옛날 기억 속을 천천히 헤엄쳐 들어간다.

"애들아, 어릴 적엔 진짜 별거 없었단다. 집 앞 논밭 하나만 있어도 친구들 웃음소리로 하루가 다 지나갔지."

그 말을 들은 큰아이는 코웃음을 친다.
"요즘 애들은 논밭보다 와이파이를 더 좋아해요."
맞는 말이지. 하지만, 엄마의 마음 속엔 아직도 그 논밭에서 뛰놀던 꼬마들이 손에 흙을 묻히며 깔깔 웃던 그 모습이 살아 있단다.

햇살이 부드럽게 논두렁을 쓰다듬던 날들. 명신이네 집 담벼락 밑에는 돼지감자가 무성히 자랐고, 아이들 손엔 늘 진흙과 풀잎이 묻어 있었다.
"명신아, 또 캐먹자!"
아이들이 삽 대신 나뭇가지로 흙을 파내며 얼굴엔 해맑은 장난기가 가득했다.

상철이네 집에서 돼지를 잡던 날이면 동네가 시끌벅적해졌다. 고기를 얻기 위해선 먼저 할 일이 있었지.
"얘들아, 오줌보 묶으러 가자!"
그 말이 떨어지기 무섭게 달려가서는 손에 비닐장갑도 없이 묶어내곤, 논바닥에서 축구공처럼 튀기며 놀았다.
"엄마, 그게 진짜야?"
"그래, 지금 생각하면 참 엉뚱하고 우스운 일이지만… 그때는 그게 세상에서 제일 재밌었단다."

보름달이 밝게 떠오르면, 마을엔 마법 같은 일이 일어났다. 오빠들, 언니들, 그리고 동네 친구들이 하나 둘 모여들면 마치 한 편의 연극이 시작되는 것처럼 기대에 부풀었다.
"얘들아, 오늘은 철수네 부엌으로 간다!"
누군가 작전지휘를 하면 모두 조용히 신호를 기다렸고, 부엌 문을 몰래 열고는 밥솥을 열었다. 뜨끈한 밥을 손에 쥐고 웃음보가 터졌다.
"우리가 뭐 대단한 거 했다고 이렇게 신날까?"
하지만 그 웃음이, 아이들의 마음 속 허기를 채워주는 진짜 밥이었다.

지금은 다들 어디서 무엇을 하고 있을까? 명신이는 시골을 떠나 도시로 갔다고 들었고, 상철이는 어느 날부턴가 소식이 끊겼다. 하지만 가끔씩 외로움이 밀려오는 날이면, 그들의 얼굴이 내 마음 한켠에서 조용히 불을 밝힌다. 마치 등불처럼. 그 불빛을 따라가다 보면, 어릴 적 놀던 마당, 저녁이 깔리던 논길, 웃음소리 가득했던 여름밤이 되살아

난다.

이야기를 마치며 나는 아이들에게 조용히 말한다.
"너희도 언젠가 외로움이 찾아올 거야. 그럴 땐 꼭 기억해. 사람은 마음 속에 품은 고향 하나쯤은 있어야 하는 거란다. 그 고향이란 건 장소가 아니라, 사랑받았던 기억이야. 그리고 엄마는 늘 그 자리에 있을게. 언제든 돌아와, 조용히 앉아 있기만 해도 돼."

내 아이들은 아직 이해하지 못할지 모른다. 하지만 언젠가, 삶의 바람이 거세게 불고 세상이 낯설게 느껴지는 어느 날, 그들도 마음 깊은 곳에 엄마의 품 같은 고향 하나를 꺼내 보리라.
그리고 속삭이겠지.
"고향은… 외로움을 달래주는 엄마품이다."

이팝나무 아래에서

거센 비바람에도 꿋꿋이 서 있는 이팝나무의 모습은
경외감을 불러일으킵니다
휘몰아치는 바람에 힘없이 떨어지는 하얀 꽃잎들은
마치 눈처럼 보입니다
바닥에 쌓인 꽃잎들은 거리를 하얗게 물들이며
새로운 풍경을 자아냅니다
살랑이는 바람에 흩날리는 꽃잎들은
마치 춤을 추는 듯 아름답습니다

이팝나무 아래에서

"엄마, 저 나무 이름이 뭐야?"

세 아이 중 막내가 어느 봄날 공원에서 내게 물었던 기억이 아직도 선명하다.
하얀 꽃잎들이 폭신한 눈처럼 땅에 내려앉은 어느 오후, 나는 작은 웃음을 지으며 말했다.
"이팝나무야. 마치 이밥처럼 하얀 꽃이 피어서 그렇게 부르는 거지."

그 순간, 바람이 불었고 나무 위에서 쏟아지는 꽃잎들이 아이들 주위를 에워쌌다. 그 모습이 어찌나 고왔던지, 나는 말없이 그 장면을 가슴 깊이 담아두었다.

얼마 전, 혼자 산책을 나갔다가 다시 그 이팝나무를 보았다. 거센 비바람에도 꿋꿋이 서 있는 그 모습은 오랜 시간을 견딘 한 어머니의 뒷모습처럼 느껴졌다.

나는 가만히 나무 아래 서서 속삭였다.
"그래… 나도 이팝나무처럼 살았지. 세찬 바람에도 흔들리긴 했지만 꺾이지는 않았어."
이 말을, 나는 너희 셋에게 들려주고 싶다.

살다 보면 휘몰아치는 바람 같은 날들이 있다. 모진 말 한마디, 예기치 못한 슬픔, 또는 누군가의 무관심이 마음을 할퀼 때, 너희는 꽃잎처럼 힘없이 떨어지고 싶은 순간을 겪게 될 거야.

하지만 기억하렴. 이팝나무는 꽃잎이 져도 뿌리를 굳게 지켜낸단다.
바닥에 쌓인 꽃잎들은 그냥 사라지는 게 아니야.
거리와 들판을 하얗게 물들이며 새로운 풍경을 만들어내지.

"엄마, 꽃이 지면 슬퍼?"
어릴 적 둘째가 그렇게 묻던 날도 있었지.
나는 그때 이렇게 대답했단다.
"응, 조금 슬프지. 하지만 꽃이 지는 건 끝이 아니라 다른 시작이야."

너희가 어른이 되어가는 모습을 지켜보며 나는 이팝나무처럼 조용히 너희 뒤에 서 있었지. 가지 끝에서 떨어지는 꽃잎처럼 내 많은 말은 조용히 흩어졌고, 그 자리에 남은 건 묵묵히 너희를 바라보던 내 마음뿐이었단다.

그래도 괜찮아. 흩날리는 꽃잎이 춤을 추듯, 너희가 인생에서 만나게 될 변화 또한 아름다운 리듬이 되기를 바랄 뿐이야.

살랑이는 바람 속에 춤추던 꽃잎처럼, 우리 삶도 그저 흘러가지는 않는다. 매 순간이 무언가를 남기고, 그 자리에 새로운 감동과 의미가 피어나는 법이지.

아이들아, 꽃이 지고 나서야 피어나는 풍경이 있다는 걸, 이팝나무 아래에서 엄마는 배웠단다.

그러니 너희도 언젠가 지는 꽃을 보며 "이 또한 새로운 시작이야."라고 말할 수 있는 사람이 되길 바란다.

그리고 어느 날 바람 속에서 꽃잎이 흩날릴 때, 엄마가 이 말을 조용히 남겼다는 걸 기억해주렴.

"흔들려도 괜찮아. 네 안의 뿌리가 너를 지켜줄 거야."

나무의 언어에 귀 기울이며

나무들이 서로 속삭이는 소리가 들리는 것 같아요

햇살 아래 잎사귀들이 흔들리는 모습은 마치 춤추는 것 같네요

자세히 보면 그들만의 언어로 이야기하는 듯합니다

우리도 그들의 말을 이해할 수 있으면 좋겠어요

자연의 아름다움에 귀 기울여 보세요.

나무의 언어에 귀 기울이며

"엄마, 나무가 말을 해?"
어릴 적 막내가 물었던 말이야.
햇살 가득한 어느 봄날, 동네 산책길에서 참나무 아래 앉아 있을 때였지. 나는 너희 셋을 번갈아 무릎에 앉히며 조용히 대답했지.
"응, 아주 작고 조용한 소리로. 그래서 귀를 기울여야 해."

그날의 나무들은 정말 속삭이고 있었단다. 햇살은 나뭇잎 사이로 부서지며 바람을 따라 춤을 추고 있었고, 잎사귀들은 서로 어깨를 부딪치며 은밀한 이야기를 나누고 있었어. 나는 그 모습을 보며 문득 생각했지.
'우리도 저렇게 조용하고 다정하게, 서로의 말을 듣고 살아갈 수 있다면 얼마나 좋을까?'

아이들아, 살다 보면 말이 넘치고 마음은 메말라 있을 때가 많아. 누구도 진심으로 듣지 않고, 말만 앞서가는 그런 순간들. 하지만 나무들을 보렴. 그들은 한마디 말도 소리 내지 않지만, 늘 서로의 존재를 느끼며 살아가지.

큰아이, 너는 언제부턴가 말이 줄었지.

"괜찮아."
한마디로 마음을 덮고, 속 이야기는 꺼내지 않으려 했던 너의 눈빛을 기억해. 그럴 때 나는 속으로 이렇게 말했단다.
'나무처럼, 그저 네 옆에 서 있을게. 언젠가 네 마음이 흔들릴 때, 그 떨림을 내가 들을 수 있도록.'

그리고 둘째야, 네가 친구와 다툰 날,
"내 말 안 들어줘. 그냥 내 편만 좀 들어주지."
하고 울먹였던 기억 나니?
그때 나무 그늘 아래 너를 앉히고 말했지.
"가끔은 듣기만 하는 게 사랑이란다. 조언보다, 침묵보다, 그저 옆에 있다는 사실이."

그리고 막내야, 너는 언제나 나에게 묻곤 했지.
"엄마, 나도 나무처럼 커?"
그럼 나는 웃으며 대답했지.
"물론이지. 너는 햇살을 먹고, 바람에 흔들리며, 계절을 지나 천천히 커 가는 나무야. 서두르지 말고 너의 속도로 자라렴."

아이들아, 삶은 너희가 생각하는 것보다 훨씬 더 조용한 이야기들로 이루어져 있어. 자연은 그걸 가장 잘 알고 있지. 새가 하늘을 가르는 소리, 비가 나뭇잎에 부딪히는 소리, 그리고 나무들이 서로를 흔들며 나누는 아주 작은 속삭임. 그 소리를 들을 수 있는 귀를 가졌으면 해.

마음을 열고, 기다릴 줄 알고, 말보다 마음을 먼저 읽을 줄 아는 사람. 그런 어른이 된다면, 세상이 아무리 복잡하고 바빠도 너희는 분명 흔들리지 않을 거야.

나무들은 우리보다 먼저 이 땅에 와서, 바람과 햇살과 눈비를 견디며 살아왔단다. 그러니 그들이 하는 말엔 우리가 배워야 할 지혜가 담겨 있어. 자연의 언어는 눈에 보이지 않지만, 마음으로는 충분히 들을 수 있단다.

오늘도 나는 집 앞 느티나무 아래 앉아 너희를 기다리며 나뭇잎의 속삭임을 들어. 그리고 이렇게 조용히 말하지.

"얘들아, 엄마는 늘 너희 곁에서 나무처럼 지켜볼게."

너도 봄, 나도 봄

따사로운 햇살이 마음까지 환하게 비추는 좋은 날
창밖으로 보이는 풍경은 마치 그림처럼 아름다운데
산들바람이 불어오니 기분까지 상쾌해진다
푸른 하늘과 어우러진 풍경은 마음에 평온을 가져다준다
일상의 스트레스를 잠시 잊고
여유를 만끽하는 친구들과의 소중한 시간이었다
깊어가는 계절의 변화를 느끼며 감사하는 마음을 갖고
앞으로도 이러한 작은 행복을 소중히 간직하며 살아가련다

그대는 봄
나도 봄

그대는 꽃
나도 꽃이더라

너도 봄, 나도 봄

"오늘 참 날씨 좋다."
창문을 열자마자 나도 모르게 튀어나온 말이었다. 햇살이 유리창을 환하게 비추고, 커튼 사이로 스며든 따사로운 빛이 거실 바닥을 부드럽게 물들였다. 그 순간, 마치 오래된 마음의 주름이 펴지는 것만 같았다.

"엄마, 봄이 와서 기분 좋아?"
막내가 초등학생이던 시절, 고사리손으로 내 무릎을 두드리며 묻던 그 말이 떠올랐다.
"응, 봄이 오면 마음이 환해져. 기분 좋은 햇살을 닮아서 그린가 봐."
나는 그렇게 대답했던 것 같다.

창밖으로 고개를 내밀어 본다. 진달래가 땅을 깨고 올라왔고, 벚꽃은 아직 봉오리지만 곧 터질 듯 망울져 있었다. 산들바람이 나뭇잎을 건드릴 때, 작은 손수건처럼 바스락거리는 소리가 들린다. 그 순간, 내 마음속도 바람이 지나간 듯 한결 가벼워졌다.

오랜만에 친구들과 공원에서 만나 따뜻한 커피 한 잔을 나누었다.
"여기 봐, 저 나무 그림자. 햇살이 저리도 정갈하게 비추다니. 참, 나무도 마음을 썼나 봐."
누군가 말하자 우리는 동시에 웃었다.
푸른 하늘 아래, 아무 이유 없는 웃음이 얼마나 귀한지 나이가 들수록 알게 된다.

아이들아, 오늘 엄마는 너희에게 조용히 말해주고 싶구나.
"그대는 봄, 나도 봄"이라는 말처럼, 너희는 그 자체로 봄 같은 존재란다. 가끔은 일이 버겁고, 사람들과의 관계가 날카롭게 느껴질 때도 있을 거야. 하지만 그럴 땐 창밖을 한번 보렴. 햇살을 닮은 너희 마음에도 분명 따뜻한 바람이 스며들 테니.

"너희도 꽃이야. 봄날 피어나는, 각자의 모양과 색을 가진 꽃."

누군가와 비교하지 말고, 그저 네가 피어날 시간에 맞춰 고개를 들어보렴. 세상은 널 향해 햇살을 보내줄 테니.

계절은 저마다의 속도로 지나가고, 우리 인생도 그런 리듬을 타고 흘러가지. 급히 어딘가로 달리지 않아도 괜찮단다. 잠시 멈춰 서서 하늘 한번 올려다보고, 바람 따라 걸으며 네 마음의 속삭임을 들어보렴.

그렇게 작은 행복을 소중히 여길 줄 아는 너희가 되길 바란다. 오늘의 햇살처럼, 아무 것도 아닌 듯 고요하지만 누군가의 마음을 따뜻하게 밝혀줄 수 있는 그런 사람으로.

봄날 같은 하루였다.
햇살, 바람, 그리고 함께 웃는 사람들.
그리고 봄처럼 환히 피어나는 너희들.

그대는 봄,
나도 봄.

그대는 꽃,
나도 꽃이더라.

마음이 머무는 길

한적한 길을 따라
걸으면 마음이 평온해집니다

길가에 핀 이름 모를 꽃들이
은은한 향기를 전합니다

따스한 햇살이 길 위에 내려앉아
눈부시게 반짝입니다

바람에 흔들리는 나뭇잎 소리가
마음을 편안하게 합니다

이 길을 걷는 매 순간이 소중하게 느껴집니다

마음이 머무는 길

어느 봄날, 조용한 오후였다. 나는 셋째 아이와 함께 오래된 산책길을 걸었다.
"엄마, 여기 꽃 냄새가 정말 좋아요."
아이의 말에 나는 미소를 지으며 대답했다.
"그래, 이 길은 늘 마음을 차분하게 해주는 마법 같은 곳이란다."

길가에는 이름 모를 작은 꽃들이 소담하게 피어 있었다. 그 꽃들은 따스한 햇살을 받아 은은한 향기를 내뿜고 있었고, 바람이 불 때마다 나뭇잎이 살랑살랑 춤을 추며 소리를 냈다.
"들어봐, 저 나뭇잎 소리 어때?"
"바람이 노래하는 것 같아요."
아이의 눈이 반짝였다.

그 순간 문득, 오래전 너희들과 함께 이 길을 걸었던 때가 떠올랐다. 걸음마다 내 마음이 조금씩 평온해지는 것을 느꼈던 그때, 너희도 나와 함께 이 길을 걸으며 삶의 작은 쉼표를 배웠지.
"엄마, 왜 이 길이 좋죠?"
"이 길은 우리 인생과 닮았단다. 때론 햇살처럼 따뜻하고, 때론 바람처럼 흔들리지만, 늘 우리를 감싸주지."

길 위에 내려앉은 햇살처럼, 너희가 걷는 길도 반짝이길 바란다. 가끔은 이름 모를 꽃들처럼 조용히 피어나고, 바람에 흔들리는 나뭇잎처럼 마음의 소리에 귀 기울이길 바란다. 힘든 날엔 이 길처럼 천천히 걸으며 숨을 고를 수 있길, 그리고 마음의 평온을 찾을 수 있길 엄마는 간절히 바란다.

"엄마, 우리 다시 이 길 걷고 싶어요."
"그래, 언제든지 함께 걷자꾸나."
그 말에 마음 한켠이 따뜻해졌다.

인생이라는 긴 길 위에서 너희가 행복한 발걸음을 내딛길,

엄마는 언제나 너희 뒤에서 조용히 응원할 것이다. 길 위의 햇살처럼, 바람처럼, 꽃처럼, 늘 변함없이 너희 곁에 머무를 거야.

그리하여, 마음이 흔들릴 때면 잠시 멈춰서 이 길을 생각하렴. 그 길이 바로 너희의 마음에 머무는 평온이니까.

오월의 속삭임

곧 따뜻한 햇살 아래
화려한 색채를 뽐내는 계절이 찾아옵니다

싱그러운 초록빛 사이로 작은 꽃들이
수줍게 피어나 향기를 더할 것입니다

바람에 살랑이는 꽃잎들은
마치 춤을 추는 듯 아름다운 풍경을 선사할 것입니다

자연의 아름다움은
우리에게 평온함과 활력을 선물합니다

오월의 속삭임

오월이 오면, 세상은 마치 색을 입은 화폭처럼 변합니다. 따스한 햇살이 부드럽게 내려앉고, 싱그러운 초록빛 사이로 작은 꽃들이 수줍게 고개를 내밀며 자신만의 향기를 퍼뜨리지요.
"엄마, 저기 꽃잎들이 춤추는 것 같아요!"
아이가 손을 흔들며 말했습니다. 나는 고개를 끄덕이며 웃었죠.

바람이 살랑살랑 불어올 때마다 꽃잎들은 마치 가벼운 춤을 추듯 흔들립니다. 그 모습을 바라보는 마음도 덩달아 흔들려, 어느새 평온과 활력이 온몸에 스며드는 듯합니다.
"세상에, 이렇게 아름다운 순간을 놓치지 말아야겠어."
나는 속삭이며 아이들에게 말했습니다.
"우리, 잠시 멈춰 서서 이 봄의 숨결을 느껴보자꾸나."

삶이 바쁘고 분주해도, 오월의 자연은 늘 이렇게 조용히 우리 곁에 와서 말합니다.

'천천히 걸으렴. 아름다움은 눈에 보이지 않는 순간 속에 숨겨져 있단다.'

세 아이를 키우며 쉴 틈 없이 달려온 나도, 이제는 그 말에 귀 기울여 봅니다.

"오월은 다시 찾아올 거야. 그리고 또다시 우리에게 속삭일 거란다."
이 말은, 내가 세 아이에게 살며시 전하는 은유 같은 약속입니다.

잠시 멈춰, 주위를 둘러보세요. 봄바람에 춤추는 꽃잎과 함께 내 마음도 천천히 흔들립니다. 그 속에서 우리는 살아가는 힘을 얻고, 서로를 사랑하는 마음을 다시 한 번 새기게 될 테니까요.

푸른 하늘을 향해, 우리 함께 날아가자

답답한 마음을
시원하게 풀어줄 자유를 갈망합니다

머릿속 복잡한 생각들을 잠시 내려놓고
푸른 하늘을 향해 날아오르고 싶습니다

가벼운 바람처럼
모든 걱정을 떨쳐내고 싶습니다

반짝이는 별처럼
어두운 밤을 밝히는 존재가 되고 싶습니다

꿈을 향해 나아가는
희망찬 발걸음을 내딛고 싶습니다

푸른 하늘을 향해, 우리 함께 날아가자

"엄마, 나도 하늘을 날고 싶어요."
어느 날 저녁, 셋째 아이가 창밖을 올려다보며 속삭였다. 그 말에 나는 문득 고개를 들어 무한히 펼쳐진 푸른 하늘을 바라보았다. 바람은 산들산들 불고, 저 멀리 흰 구름 한 점이 느리게 흘러가고 있었다.

답답한 마음이 가득한 날이 있다. 머릿속은 온갖 걱정과 고민으로 뒤엉켜, 마치 작은 새장 속에 갇힌 것처럼 답답하다. 그럴 때면 나는 아이들과 함께 마당으로 나가 깊게 숨을 들이쉬곤 한다.
"자, 우리 같이 날아볼까?"
나는 웃으며 말한다. 아이들도 신나서 팔을 벌리고 뛰어다닌다. 바람이 얼굴을 스치고, 봄꽃 향기가 코끝을 간질인다. 잠시 모든 무거운 생각을 내려놓는 순간이다.

"왜 우리는 하늘을 날고 싶을까?"
첫째가 물었다. 나는 대답했다.
"아마도 자유를 갈망하는 마음 때문이지. 가벼운 바람처럼 모든 걱정을 떨쳐내고 싶어서 말이야."
아이들은 고개를 끄덕이며, 하늘을 향해 손을 뻗는다.

그 순간 문득, 나는 이 아이들에게 말해주고 싶었다.
"너희가 어떤 어두운 밤을 만나도, 반짝이는 별처럼 그 밤을 환하게 밝히는 존재가 되렴. 꿈을 향해 나아가는 너희의 발걸음은 그 어떤 바람보다 강하고 희망차단다."

내 마음 속 깊이 자리한 이 바람은, 단순한 바람이 아니다. 그것은 우리 삶의 작은 꿈과 희망이자, 날개이다. 아이들이 자라서 각자의 길을 걸을 때, "푸른 하늘을 향해 날아가라"는 이 말을 꼭 기억해주었으면 한다. 이 세상은 넓고, 마음껏 날아오를 수 있는 자유가 분명히 있으니까.

오늘도 나는 이 아이들과 함께 하늘을 올려다본다. 그리고 속으로 다짐한다.
"우리 함께 꿈을 향해 날아가자. 바람처럼 가벼운 마음으로, 별처럼 빛나는 희망으로."

푸른 하늘은 늘 우리 곁에 있다. 그 하늘을 향해 날아가는 용기가 우리 삶을 한 뼘씩 넓혀 준다는 것을, 너희가 꼭 알았으면 한다.

봄바람에 물든 노란 물결, 유채꽃의 향연

봄바람에 춤추는 유채꽃의 향연이
눈부시게 펼쳐집니다

따스한 햇살 아래
샛노란 꽃잎들이 물결처럼 일렁이고

은은한 꽃향기는
마음을 편안하게 감싸줍니다

자연의 아름다움이 선사하는 풍요로움에
감탄사 저절로 나오고

이 아름다운 풍경을 오래도록 간직하고 싶은
마음뿐입니다

봄바람에 물든 노란 물결, 유채꽃의 향연

어느 봄날 오후, 나는 세 아이와 함께 유채꽃 밭을 찾았다. 따사로운 햇살이 대지를 감싸 안고, 바람은 살랑이며 노란 꽃잎들을 부드럽게 흔들었다.
"엄마, 여기 너무 예뻐요!"
둘째가 소리쳤다. 노란 바다가 끝없이 펼쳐진 듯한 그 풍경은 아이들의 얼굴에 환한 미소를 피워냈다.

유채꽃들이 봄바람에 살랑이는 모습을 보며 나는 속으로 말했다. '꽃들도 이렇게 자유롭게 춤추는데, 너희도 마음껏 세상을 즐기며 춤추렴.' 노란 꽃잎들은 물결처럼 일렁이고, 은은한 꽃향기가 코끝을 감돌아 마음까지 편안해졌다.
"꽃향기 맡아봐, 너무 좋지?"
셋째가 내 손을 잡고 말했다. 나는 고개를 끄덕이며 말했다.
"맞아, 자연은 언제나 우리에게 따뜻한 위로와 힘을 주는구나."

아이들이 뛰노는 사이, 나는 문득 지난 시간들을 떠올렸다. 아이들이 걸음마를 떼고, 말문을 열고, 세상에 첫 발을 내디뎠던 그 모든 순간들. '이 노란 꽃들처럼 너희의 삶도 풍요롭고 빛나길 바란다.' 나는 조용히 속삭였다.

"엄마, 왜 이렇게 꽃이 많아요?"
첫째가 물었다. 나는 미소 지으며 답했다.
"이 꽃들은 서로 어울러 하나의 큰 물결을 만들고 있단다. 우리 삶도 마찬가지야. 너희가 서로 사랑하고 도우며 함께할 때, 얼마나 아름다운 물결이 될까."

그날 나는 아이들에게 전하고 싶었다. 삶은 때로는 바람에 흔들리는 꽃잎처럼 불안하기도 하지만, 그 속에서 피어나는 작은 행복과 따스한 마음들이 모여 우리 인생을 더욱 풍요롭고 빛나게 한다는 것을. 그리고 언제든지 이 노란 유채꽃처럼 환하게 빛나기를, 봄바람에 흔들리며 자유롭게 살아가기를.

"우리 모두 꽃향기처럼 따뜻한 마음을 간직하며, 세상을 향해 활짝 피어나자꾸나."

그렇게 나는 아이들에게, 그리고 나 자신에게 다짐했다. 이 봄날의 노란 물결이 오래도록 기억 속에 남아 우리 모두의 길을 밝혀주기를 바라면서.

노란 유채꽃밭은 단지 꽃들의 향연이 아니다. 그것은 우리 삶의 소중한 순간들이 모여 만들어내는 따뜻한 이야기다. 너희가 그 이야기 속에서 자유롭게 춤추며 살아가길, 엄마는 늘 그렇게 바란다.

노을, 그리고 우리 마음의 고요

붉은 태양이 지평선 아래로
천천히 잠겨듭니다

짙은 황금빛으로 물든 하늘은
고요한 아름다움을 드러냅니다

이 순간의 평화로움은
말로 표현하기 어려울 만큼 감동적입니다

하지만 곧 어둠이 찾아올 것을 알기에
마음 한켠에는 쓸쓸함이 자리합니다

자연의 웅장함 앞에 서면
인간은 작고 나약한 존재임을 다시금 깨닫게 됩니다

노을, 그리고 우리 마음의 고요

저녁이 다가오면 나는 자주 창가에 앉아 붉게 물든 하늘을 바라본다. 그날도 그랬다. 붉은 태양이 지평선 아래로 천천히 잠겨들 때면 마치 세상이 숨을 멈춘 듯 고요해진다.
"엄마, 저 하늘 좀 봐! 정말 황금빛 같아요!"
작은 목소리가 내 귓가에 닿았다. 아이가 손가락을 하늘에 뻗으며 말했다. 나는 고개를 돌려 미소 지었다.
"그래, 우리 눈앞에 펼쳐진 이 순간이 참 아름답지?"

짙은 황금빛으로 물든 하늘은 말로 다 표현할 수 없는 평화로움을 드러낸다. 그런 자연의 품 안에서 우리는 잠시 모든 걱정을 내려놓는다. 그 순간을 온전히 느끼며, 내 마음도 차분해졌다. 아이들도 조용히 숨을 죽이고 하늘을 바라보았다.

"엄마, 이 아름다움이 언제까지 계속될까요?"
둘째가 물었다. 나는 잠시 생각에 잠겼다가 대답했다.
"아름다운 순간은 잠시 스쳐 지나가지만, 그 빛은 마음속에 오래도록 남는단다. 그래서 우리는 매일 노을을 기다리는 거야."

하지만 이 평화로움 뒤에는 어둠이 다가온다는 사실도 우리는 안다.

그 쓸쓸한 감정은 어쩌면 우리 삶의 한 부분일 것이다. 자연 앞에 선 우리는 얼마나 작고 나약한 존재인지 새삼 느끼게 된다.
"그래서 인생도 노을 같단다,"
나는 아이들에게 말했다.
"아름답고 빛나지만, 끝이 있기에 소중하고, 그 끝을 알기에 더 깊이 사랑할 수 있는 것."

세 아이를 키우며 나는 너희에게 이 노을을 닮은 삶을 이야기하고 싶다. 빛나는 순간을 놓치지 말고, 다가올 어둠도 두려워하지 말라고. 모든 것이 흐르고 변해도 그 안에서 우리가 만나는 빛과 고요함은 변치 않는다는 것을.

노을은 우리에게 말해준다.
"잠시 멈춰 서서, 이 아름다움을 느끼고, 그 순간에 감사하라"고.

그리고 그렇게 살다 보면, 너희도 언젠가 스스로의 노을을 만들어가리라. 엄마는 늘 그 노을 너머 너희를 사랑하고 응원한단다.

차가운 봄바람 속에서 피어난 꽃처럼

봄바람은 아직 차가운데
꽃들은 벌써 활짝 피었습니다

따스한 햇살을 받으며
고운 자태를 뽐내는 꽃잎들이 아름답습니다

주변의 푸른 새싹들도 생기를 더하며
봄의 정취를 물씬 풍깁니다

차가운 바람에도 굴하지 않고
피어나는 꽃들을 보니
마음에 따뜻한 기운이 퍼집니다

차가운 봄바람 속에서 피어난 꽃처럼

봄바람이 아직은 차갑게 스치는데도, 마당 한켠에서는 어느새 꽃들이 조용히, 그러나 활짝 피어나고 있었다.
"엄마, 봄인데 왜 바람은 이렇게 차가워요?"
중학생인 둘째가 어깨를 움츠리며 물었다. 나는 아이의 얼굴을 바라보며 웃었다.
"그래도 꽃들은 이렇게 추운 바람 속에서도 피어나지. 그게 봄이란다."

햇살이 부드럽게 내려앉은 꽃잎들은 마치 작은 무대 위의 무희처럼 우아하게 춤을 추고 있었다. 고운 빛깔이 봄 햇살과 어우러져 눈부셨다. 꽃들의 고운 자태에 마음 한켠이 따뜻해지는 것을 느끼며 나는 속으로 말했다.

'너희도 세상 속에서 그렇게 피어나길 바란다, 아무리 차가운 바람이 불어도.'

길가의 새싹들도 하나둘 고개를 내밀며 생기를 더해갔다. 풀잎들이 저마다 봄을 맞이하는 듯, 살랑이는 바람에 몸을 맡겼다.
"엄마, 저 새싹들도 우리처럼 힘든 일 있으면 움츠러들잖아요. 근데 또 이렇게 잘 자라나네요."

막내가 작은 손으로 새싹을 가리키며 말했다. 나는 조용히 고개를 끄덕였다.
"맞아, 힘든 시간도 지나가고, 결국엔 봄이 오는 법이야."

꽃들은 아직도 차가운 바람에 몸을 떨고 있지만, 그 가운데서도 꿋꿋이 자신의 자리를 지키고 있었다. 마치 내 마음속 깊은 곳에 숨어있는 희망 같은 존재처럼. 그리고 그 꽃들처럼 너희도 세상의 찬바람에 주저앉지 말고, 자신의 빛을 잃지 말기를 바란다. 그게 엄마가 너희에게 전하고 싶은 가장 큰 바람이다.

"곧 본격적인 봄이 오면 더 많은 꽃들이 피어나겠지?"
나는 따뜻한 미소로 대답했다.
"그래, 그리고 그 봄은 너희 삶에도 꼭 올 거야. 차가운 바람이 가르쳐 준 끈기와 용기로."

그리하여 우리 모두는 차가운 봄바람 속에서 더욱 단단해지고, 화사한 꽃처럼 피어나길, 엄마는 늘 그렇게 믿는다.

공항으로 달리는 길 위에서

차창 밖
하얀 벚꽃은 하늘하늘 춤추며 흩날리고

앙상한 나뭇가지는
연초록잎 싹 트이고 있는데

하늘은 잿빛 구름과
해님이 숨바꼭질을 한다

텅 빈 들녘은 농부들의
일손이 분주하게 움직이고

대형 버스에 몸을 실은 사람들은
무슨 사연이 저리 많은지 시끌벅적하게 이야기 꽃을 피운다

나는 창가 풍경을 보며
시어를 담는다

공항으로 달리는 길 위에서

차창 밖으로 봄이 한창입니다. 하얀 벚꽃들이 바람결에 하늘하늘 춤을 추며 흩날리고, 앙상하던 나뭇가지에는 연초록 새싹이 조심스레 고개를 내밀고 있네요.
"엄마, 저 꽃 좀 봐! 진짜 예쁘다!"
막내가 소곤거립니다. 나는 미소 지으며 고개를 끄덕였죠.

하늘은 어느새 잿빛 구름과 해님이 숨바꼭질하듯 희미한 햇살을 내리쬐고, 멀리 텅 빈 들녘에서는 농부들이 분주히 일손을 움직이고 있습니다. 그런 자연의 변화 속에 도시의 소음과 분주함이 뒤섞여 또 다른 풍경을 만들어내네요.

우리 가족이 탄 대형 버스는 공항을 향해 달리고 있었습니다. 차 안은 시끌벅적했죠. 사람들은 저마다의 사연을 안고 떠나거나 돌아가는 길이었어요.
"엄마, 우리도 곧 새로운 이야기를 시작할 거야?"
큰아이가 물었습니다. 나는 가만히 그들의 얼굴을 바라보며, 세상 모든 이들이 저마다의 꽃을 피우고 있다고 생각했어요.

창가에 기대어 흐르는 풍경을 보며 나는 조용히 마음속에 시어를 담았습니다. 인생이라는 긴 여행길에, 때로는 잿빛 구름이 드리워도 벚꽃처럼 환히 피어나기를. 그리고 그 속에서 너희들이 무심히 흩날리는 꽃잎처럼 자유롭게, 아름답게 살아가길 바란다는 마음을 담아.

"우리 모두 각자의 하늘 아래서 꽃 피우는 존재란다. 비록 바람에 날려도, 다시 또 피어나길."

그렇게 나는 세 아이에게 속삭였어요. 장성한 너희가 어디에 있든, 이 길 위에서 느낀 봄날의 풍경처럼 희망과 사랑이 항상 함께하길, 엄마의 마음을 전하고 싶습니다.

저녁노을 아래, 함께하는 시간

석양이 내려앉은
저녁노을

강둑에 핀 꽃과
풀벌레들

서로가 공생하는
자유의 생명체

저녁노을 아래, 함께하는 시간

저녁노을이 땅끝으로 서서히 내려앉을 때쯤, 나는 종종 아이들과 함께 강둑을 걷습니다.
"엄마, 저 하늘 봐, 정말 불타는 것 같아!"
막내가 소리쳤습니다. 석양은 온 세상을 붉게 물들였고, 그 빛 속에 강둑에 핀 작은 꽃들이 황금빛을 받아 환하게 빛났습니다.

"그래, 저 노을은 하루를 마무리하며 우리에게 보내는 인사 같구나."
나는 아이들의 손을 꼭 잡고 조용히 말했습니다.

강둑의 꽃들은 서로 어깨를 맞대고 피어 있었습니다. 그 사이로는 풀벌레들의 노래가 끊이지 않았죠. 그 소리는 바람결에 실려 우리 마음에 닿아, 오늘 하루의 무거움도 살며시 녹여 주는 듯했습니다.
"엄마, 저 벌레들이랑 꽃들이 친구인가 봐요?"
큰아이가 궁금해했습니다.

"맞아, 우리도 저 꽃과 벌레처럼 서로 도우며 살아야 해. 그게 '공생'이란다."
나는 부드럽게 설명했지요.

이 순간, 나는 문득 아이들에게 꼭 들려주고 싶은 이야기가 떠올랐습니다.
"얘들아, 인생도 저 강둑의 꽃과 벌레처럼 서로 어울려야 더 아름답고 건강해진단다. 혼자 피어난 꽃은 쉽게 지고 말지만, 함께 하는 꽃들은 오래도록 빛나고 생명이 강해지는 법이야."

아이들은 눈을 반짝이며 내 말을 들었고, 나는 이 작은 자연의 풍경 속에서 우리 가족과, 앞으로 만나게 될 사람들과도 그렇게 어울려 살아가길 바라는 마음을 전했습니다.

"엄마, 그럼 우리도 저녁노을처럼 함께 빛나는 가족이 되는 거죠?"
막내가 속삭이듯 물었고, 나는 고개를 끄덕이며 웃었습니다.

저녁노을은 그렇게 하루를 부드럽게 감싸 안으며, 자연과 사람, 삶과 사랑이 서로 기대어 살아가는 아름다운 공생의 이야기를 조용히 들려주고 있었습니다. 우리도 서로의 빛과 소리를 나누며 그렇게 오래도록 함께 살아가기를.

그날 저녁, 나는 아이들에게 다시 한번 마음속 깊이 새겼습니다. 삶이란 바로 그런 '함께'의 노래라는 것을.

나이는 공짜가 아니다

나이는 공짜로
먹는 게 아니다

세월한테
내 인생값을 주고
나이를 먹는다

나이는 공짜가 아니다

어느 날 오후, 아이들과 나란히 앉아 창밖을 바라보던 중이었다. 바람에 흔들리는 나뭇잎들이 햇살을 받아 반짝였다. 그때 문득, 나는 아이들에게 조용히 말을 건넸다.

"얘들아, 나이는 그냥 공짜로 먹는 게 아니란다."

큰아이가 고개를 갸웃하며 물었다.
"엄마, 그게 무슨 뜻이에요? 나이는 그냥 시간이 지나면 자연히 생기는 거 아닌가요?"

나는 미소 지으며 대답했다.
"음, 시간은 누구에게나 똑같이 흘러가지만, 우리가 살아온 하루하루, 그 속에서 겪은 모든 기쁨과 슬픔, 노력과 인내가 바로 '인생 값'이란다. 세월에게 내 인생 값을 주고 나이를 먹는 거지."

막내가 눈을 크게 뜨고 궁금해했다.
"엄마, 그럼 나이 먹는 게 힘든 일이에요?"

"그렇기도 하고, 또 그렇지 않기도 해. 나이 먹는다는 건 결국 우리가 가진 시간을 어떻게 쓰느냐에 달린 거야. 아침에 떠오르는 해처럼 매일 새롭게 빛나려고 노력하는 마음, 때론 바람처럼 거칠게 흔들리면서도 다시 고요함을 찾는 용기. 그런 것들이 바로 나이의 값어치이지."

그 순간, 창밖에서 한 마리 참새가 나뭇가지를 살짝 흔들고 날아갔다.
"엄마, 저 새처럼 나도 매일매일 힘차게 살아야 하나 봐요!"
큰아이가 말했다.

나는 고개를 끄덕이며 말했다.
"맞아, 너희들이 앞으로 걷게 될 길에 힘든 순간도 있겠지만, 그 모든 경험이 모여 너희만의 고운 빛깔을 만들어 줄 거야. 나이는 그 빛깔을 얻기 위해 주는 대가란다."

아이들은 서로 바라보며 미소 지었고, 나는 조용히 창밖의 햇살을 바라보았다. 저 햇살처럼 우리 삶도 한 줌 한 줌의 빛으로 쌓여 나이란 선물을 완성해 가는 것이리라.

"그러니까 얘들아, 나이를 먹는 건 공짜가 아니야. 그것은 세월에게 '내 인생의 값'을 주고 얻는, 가장 값진 선물이란다."

그 말을 마지막으로 나는 아이들에게 따스한 미소를 보내며, 우리의 이야기는 또 한 번 깊은 봄날 햇살 속으로 스며들었다.

돌처럼, 시간을 품고 살아가다

자연을 동경하는 나의 이야기는
신비로운 암석들과 닮았어요

나의 이야기가 쌓이는 것처럼
암석들도 시간이 쌓여 만들어졌어요

이따금씩 그런 돌을 가만히 들여다보면서
힘든 시간들을 툭툭 털어냈습니다

나도 나만의 날들이 쌓이면
저 돌처럼 나름대로 매력 있는 사람이 될 거라고 생각하면서요

돌처럼, 시간을 품고 살아가다

창밖으로 햇살이 부드럽게 스며드는 오후, 나는 오래된 돌멩이 하나를 손에 쥐고 있었다. 주름진 손끝으로 돌의 표면을 쓰다듬으며 문득 아이들에게 말해주고 싶었다.

"얘들아, 이 돌 좀 봐. 참 신기하지?"

큰아이가 눈을 반짝이며 다가왔다.
"왜 엄마, 돌이 신기해요?"

나는 미소 지으며 말했다.
"이 돌은 아주 오랜 시간을 견뎌내면서 조금씩 쌓이고 단단해진 거란다. 마치 엄마가 살아온 이야기처럼 말이지."

작은아이가 고개를 갸웃거리며
"엄마, 엄마 이야기는 돌과 닮았어요?" 하고 물었다.

"맞아, 나도 그렇게 생각해. 내 이야기가 쌓이고 쌓여서 오늘의 내가 된 거니까. 때론 힘든 시간도 있었고, 지칠 때도 있었지만, 그 모든 순간들이 모여 지금의 나를 만들었어."

바람이 살랑 불어와 창가에 놓인 작은 화분의 잎사귀를 흔들었다. 자연의 소리가 들리는 듯, 나는 잠시 돌을 바라보며 생각했다.

"힘든 일 있을 때마다 이렇게 돌을 바라보면 마음이 조금씩 가라앉고, 다시 일어날 힘이 생겨."
아이들이 내 말을 들으며 조용히 고개를 끄덕였다.

"엄마, 우리도 언젠가 엄마처럼 매력 있는 사람이 될 수 있을까요?"

나는 그 말에 미소 지으며 대답했다.
"물론이지. 너희도 하루하루를 열심히 살면서 네 이야기를 쌓아가렴. 그러면 돌처럼 단단하고 반짝이는 너희만의 빛이 생길 거야."

해가 서서히 기울며 창가에 긴 그림자를 드리웠다. 그 시간 속에 쌓인 나의 이야기와 아이들의 미래가 함께 반짝이는 듯했다.

"그래도 우리는 공들여 살아왔어. 그 시간이 모여 우리의 삶을 빛나게 하니까. 너희도 그걸 꼭 기억했으면 좋겠어."

돌처럼, 시간의 흔적을 품고 천천히 단단해지는 우리 모두의 삶. 그 속에 숨겨진 이야기가 참 소중하다는 걸 아이들에게 전하고 싶었다.

마음의 빛, 보이지 않는 소중함

보이지 않는 것

중요한 것
거짓일 수 있는 것

변하는 것
변하지 않는 것

느껴지는 것
살아있어야 하는 것

마음의 빛, 보이지 않는 소중함

어느 날 오후, 세 아이와 함께 마당에 앉아 햇살을 맞고 있었다. 부드러운 바람이 살랑살랑 불어와 아이들의 머리카락을 어루만졌다. 아이들이 서로 장난을 치며 웃음꽃을 피우는 모습은 참으로 아름다웠다.

"엄마, 마음이란 게 뭔가요?"
막내가 갑자기 물었다.

나는 잠시 하늘을 올려다보았다. 푸른 하늘에 흰 구름들이 둥실둥실 떠 있었다.
"마음은 눈에 보이지 않는 것들이 모여 있는 곳이란다. 아주 중요한 것들이 말이지."

큰아이가 고개를 갸웃하며 말했다.
"근데 엄마, 마음이 거짓일 수도 있나요?"

나는 미소를 지으며 답했다.
"그래, 마음도 때론 변하기도 하고, 거짓일 수도 있단다. 하지만 변하지 않는 마음도 있지. 그건 느낄 수 있어. 진심이라는 거야."

"그럼 엄마, 그 마음이 살아있다는 건 무슨 뜻이에요?"
둘째가 호기심 어린 눈으로 물었다.

나는 아이들 손을 잡고 말했다.
"살아있다는 건 그 마음이 우리 속에서 숨쉬고, 움직이고, 사랑하고, 때론 슬퍼하고 기뻐하는 거란다. 그래서 마음은 늘 변하지만, 변하지 않는 소중함도 품고 있지."

바람에 흔들리는 나뭇잎 사이로 따스한 햇살이 내려앉았다. 그 빛은 마치 마음 깊은 곳에서 피어나는 빛처럼 반짝였다.

"마음은 눈에 보이지 않아도, 우리가 살아가는 데 꼭 필요한 것이란다. 눈에 보이는 것만 쫓지 말고, 마음으로 세상을 보렴."

아이들은 고개를 끄덕이며 조용히 나의 말을 되새겼다. 그 모습이 마치 마음속 빛을 조금씩 알아가는 것 같아 내 가슴이 뭉클해졌다.

"언제나 너희 마음이 따뜻하게 빛나길 바라며, 변하는 것 속에서도 변하지 않는 진심을 지키며 살아가길 엄마가 바란단다."

푸른 하늘 아래, 아이들의 마음에도 보이지 않는 소중한 빛이 환히 내려앉았다. 그 빛은 세상을 살아가는 데 꼭 필요한 마음의 등불이었다.

구름과 속삭이는 오후

재영아…… 여기서 뭐 하니
으응. 구름하고 대화하고 있어요

하얀 뭉게구름이 반짝반짝 빛나 눈이 시려요
엄마, 저 구름은 어디에서 왔다가 어디로 가는 걸까요?

재영아, 궁금하면 구름한테 물어보렴

구름아, 넌 어디서 왔니?
바람이 부는 대로 정처 없이 흘러 여기까지 왔니?

너의 하얀 깃털에 무슨 사연을 담아
어디를 향해 가니?

구름과 속삭이는 오후

"재영아, 거기서 뭐하니?"
내가 불렀을 때, 아이는 고개를 들며 반짝이는 눈빛으로 대답했어요.
"엄마, 구름이랑 대화하고 있어요."

그날 오후는 하늘이 유난히 맑고 파랬어요. 하얀 뭉게구름들이 햇살을 받아 반짝반짝 눈부시게 빛나고 있었죠. 구름들은 마치 솜사탕처럼 부드럽고, 바람에 살랑이며 춤추는 듯했어요.

"엄마, 저 구름은 어디에서 왔다가 어디로 가는 걸까요?"
재영이의 작은 손가락이 하늘을 가리키며 물었어요.

나는 미소를 지으며 말했죠.
"궁금하면 구름한테 직접 물어보렴."

"구름아, 넌 어디서 왔니?"
아이는 하늘을 향해 조용히 속삭였어요.
"바람이 부는 대로, 정처 없이 흘러 여기까지 왔니?"

그 순간, 내 마음에도 작은 바람이 불었어요. 삶도 마치 구름처럼 어디서 왔는지 알 수 없고, 어디로 가는지도 알 수 없지만, 그 여정 속에서 스스로의 이야기를 만들어 가는 게 아닐까 하고.

"너의 하얀 깃털에 무슨 사연을 담아 어디를 향하여 가니?"
나는 아이에게 속삭이듯 말했어요. 그리고 나 자신에게도 묻는 말이었죠. 세상 끝없이 펼쳐진 하늘처럼 우리의 마음도 자유로이 흘러가지만, 그 끝에는 무언가 아름다운 만남과 새로운 이야기가 있을 거라고.

재영이와 함께 구름을 바라보던 그 오후, 나는 너희에게도 말해주고 싶었단다. 인생은 정해진 길만 걷는 게 아니라 때로는 바람에 몸을 맡기고, 구름처럼 흐르는 자유로움도 필요하다고. 마음속의 무거운 짐을 잠시 내려놓고, 하늘을 바라보며 속삭여보렴.
"내가 어디에서 왔고, 어디로 가는지 모르지만, 지금 이 순간의 나도 소중하다."

그렇게 우리 모두는 구름과 대화하며 오늘을 살아가는 거란다. 세상 어디선가 바람이 불어올 때, 너희도 그 바람 따라 마음껏 흘러가길, 엄마가 늘 바란단다.

노을이 내려앉는 섬

그 섬은
아름다운 섬이었습니다

은빛 파도와 금빛 모래가
예쁘게 자리 잡고 있는 포구에서

마음을 맡기고
하루 종일 바라보았습니다

노을이 내려앉는
섬에서

노을이 내려앉는 섬

아이들아, 혹시 '노을이 내려앉는 섬'이라는 말을 들어본 적 있니? 엄마는 오래전 한적한 바닷가 작은 섬을 떠올릴 때마다 그 말을 떠올린단다. 그 섬은 정말 아름다운 곳이었어. 은빛 파도가 잔잔히 출렁이고, 금빛 모래가 반짝이며 포구를 감싸고 있었지.

"엄마, 그 섬은 어디에 있어?"
큰아이가 궁금한 듯 물었을 때, 나는 미소를 지으며 말했어.
"그 섬은 멀리 떨어진 바다 어딘가 있지만, 마음속에도 있어. 우리가 지친 하루를 내려놓고 쉬고 싶은 곳 말이야."

어느 늦은 오후, 나는 그 포구에 앉아 노을이 붉게 물든 하늘을 바라보았어. 바람은 부드럽게 내 머리칼을 쓰다듬고, 파도는 조용히 속삭이듯 포구를 감싸 안았지. 그 순간 마음 한켠이 조용히 내려앉는 듯했단다.

"엄마, 마음도 노을처럼 내려앉을 수 있어?"
막내가 작은 눈으로 묻는 말에, 나는 고개를 끄덕이며 대답했지.
"그래, 우리 마음도 때론 하루의 무거움을 내려놓고, 노을처럼 고요해질 필요가 있어. 그렇게 하면 다시 힘을 낼 수 있단다."

그 섬은 단지 풍경만 아름다웠던 게 아니야. 거기에 마음을 맡길 수 있었기에 더욱 특별했지. 삶에서 힘든 순간, 고단한 시간들이 찾아올 때마다 우리는 그 섬으로 마음을 보내야 해. 그곳에서 노을처럼 내려앉아 쉬고, 다시 일어날 용기를 얻는 거란다.

"엄마, 나도 그 섬에 가보고 싶어."
둘째가 손을 잡으며 말했을 때, 나는 따뜻한 눈빛으로 아이들을 바라보았어.
"그럼 앞으로 지칠 때마다 우리 함께 그 섬을 찾아가자. 몸은 멀리 있어도 마음만은 언제나 그곳에 있을 테니까."

아가들아, 인생은 때론 고단하고 길게 느껴질 때가 있단다. 하지만 기억하렴. 노을이 내려앉는 그 섬처럼, 마음에 평화와 안식을 허락하는 공간이 반드시 있다는 것을. 그리고 그곳에서 너희도 스스로의 빛을 다시 발견할 수 있을 거야. 그렇게 하루하루를 부드럽게 감싸 안으며 살아가길, 엄마는 늘 바란단다.

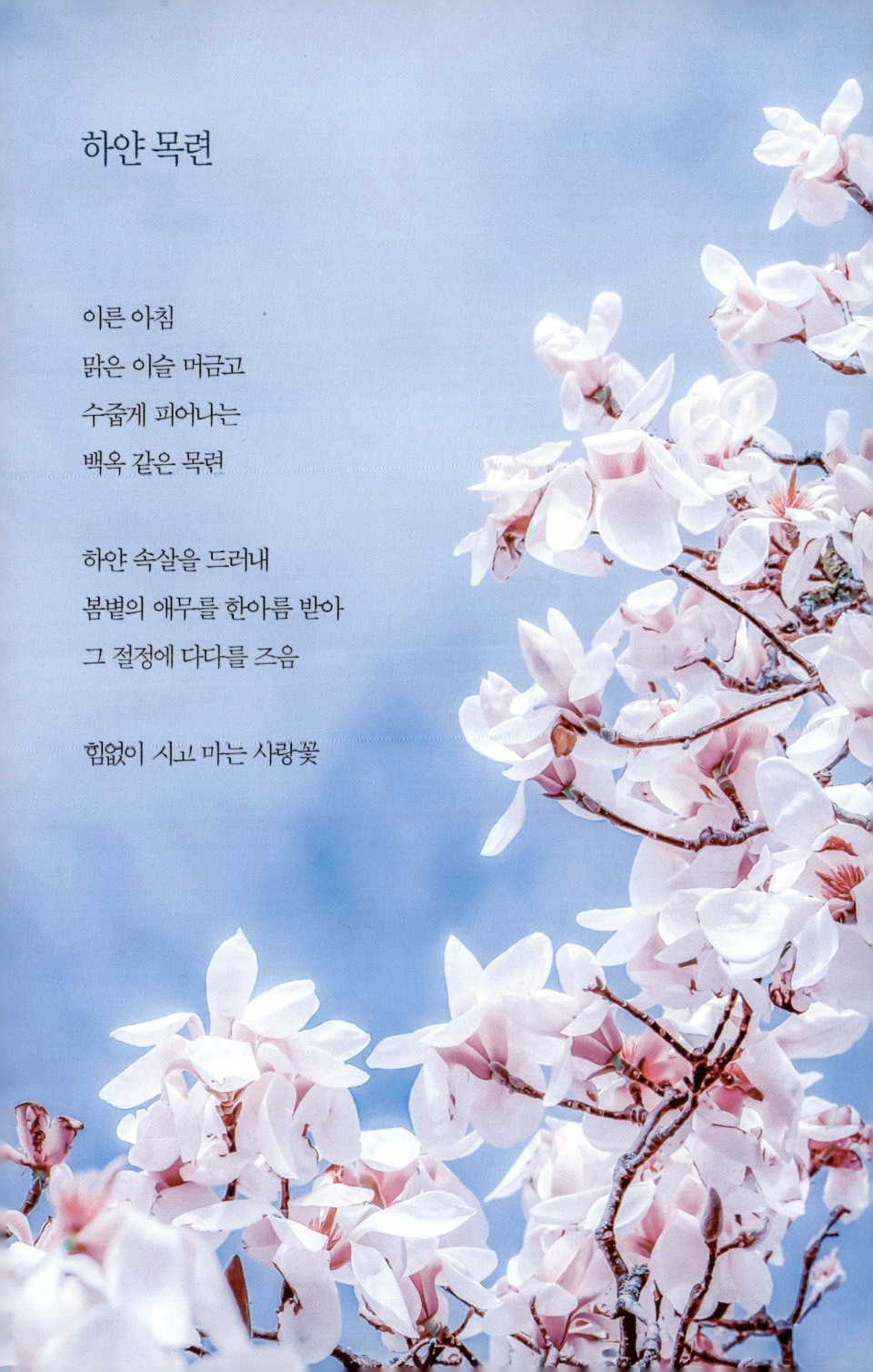

하얀 목련

이른 아침
맑은 이슬 머금고
수줍게 피어나는
백옥 같은 목련

하얀 속살을 드러내
봄볕의 애무를 한아름 받아
그 절정에 다다를 즈음

힘없이 시고 마는 사랑꽃

하얀 목련

"엄마, 저 꽃 봐! 하얗고 예쁘다."
아침 햇살이 따사롭게 내려앉은 창가에서, 아이가 손가락으로 가리킨다. 나는 조용히 고개를 돌려 마당 한켠에 서 있는 목련나무를 바라본다. 이른 아침, 목련은 아직 잠에서 덜 깬 듯 맑은 이슬을 가득 머금고 있었다. 그 모습은 마치 갓 깨어난 아이의 수줍은 미소처럼 고요하고 순수했다.

"저 목련이 피는 계절이면, 꼭 우리도 새로 시작하는 기분이 들어."
내 말에 아이는 고개를 끄덕이며 눈을 반짝였다. 하얀 목련꽃은 고운 백옥처럼 맑고 깨끗하다. 봄볕이 다가와 부드럽게 어루만지면, 목련은 그 따스함을 온몸으로 받아들인다. 그 순간은 마치 사랑의 절정처럼 아름답고 환하다. 하지만 그 아름다움도 오래 가지 않는다. 조금씩 꽃잎은 힘없이 떨어지고, 어느새 꽃은 시들어간다.
"엄마, 저 꽃들은 왜 금방 떨어져?"
아이의 순수한 질문에 나는 잠시 말을 멈춘다.

"꽃도 사랑도, 때로는 아주 잠깐 피었다가 저렇게 사라지곤 한단다. 그 짧은 순간을 얼마나 진심으로 품느냐가 중요하지."

사랑하는 마음은 오래도록 간직할 수 없을 때도 있다. 하지만 하얀 목련처럼 순수하고 한껏 빛났던 순간은, 우리 가슴에 은은한 향기처럼 남아 잊히지 않는다.

너희가 삶에서 만날 수많은 꽃들도, 때로는 피고 지는 이 목련처럼 그렇게 짧을지도 몰라. 하지만 그 모든 순간들이 모여 너희의 마음을 풍요롭게 할 거란다.

"엄마, 나도 언젠가 그런 사랑을 할 수 있을까?"
"물론이지. 사랑은 꽃과 같아서, 피우려는 마음이 있어야 피어난단다."

짧지만 강렬했던 목련의 그 하루처럼, 너희도 삶 속에서 소중한 사랑을 피우며 살아가길 바란다. 그리고 꽃잎이 떨어질 때조차도 아름다운 기억으로 남기길 바라.

하얀 목련이 전해주는 그 한순간의 사랑을, 엄마는 너희에게 이렇게 조용히 전하고 싶다.

하얀 목련처럼,
우리 삶의 사랑도 그렇게 아름답고 순수하길.

이상한 증상이 노크한다

언제부턴가 몸에 이상한 증상이 노크한다
한 해 한 해, 고장 나는 몸

한곳을 방문한 고얀 놈
내 몸에서 물러가라고 계속 약물을 투여했다

아픈 곳 고쳐 놓으면
또 슬그머니 다른 친구가 노크를 한다

요번엔 덩치 큰 친구가 방문한다
너무 고통스러워 견딜 수가 없다
계속 약물 치료하다가 치료 중단하고
내 몸에 들어온 그놈하고 친하게 지낸다

아침이면 잘 잤어 친구야 인사하고
밤이면 잘 자라 친구야
밥 먹을 때면 친구야 밥 먹자 말하고 밥을 먹었다

일 년을 그렇게 지내다 보니 예고 없이 찾아온 친구들은
어느 날 서서히 내 몸에서 하나 둘 떠나기 시작했다

이상한 증상이 노크한다

"엄마, 몸이 왜 자꾸 아프지?"
아침 햇살이 부드럽게 내 방 창문을 두드릴 때면, 나는 아이들에게 묻는 것 같았다. 세월이 흐르면서 내 몸은 어느새 작은 이상 신호를 보내기 시작했다. 처음에는 그저 '노크'하는 소리 같았다. "조금 쉬어라," "조심하라," 그렇게 말이다.

처음 찾아온 그 '고장'은 작고 고약한 친구였다. 무심코 지나쳤지만, 결국 약이라는 손님을 불러들이며 겨우 그 친구를 내보냈다. 그런데 또 다른 친구가 슬그머니 다가왔다. 그럴 때마다 나는 약물 치료라는 전쟁을 치렀다. "제발 가라," 혼잣말처럼 되뇌이며 약 봉지를 움켜쥐었다.

그러던 어느 날, 이전과는 달리 덩치가 큰 친구가 내 몸 안에 찾아왔다. 너무도 고통스러워 더는 혼자 싸우기 힘들었다.
"엄마, 너무 힘들어."
거울 속 내 얼굴은 창백하고, 눈빛은 지쳐 있었다. 나는 그만 치료를 멈추고, 그 친구와 조용히 친구가 되기로 마음먹었다.

"잘 잤니, 친구야?"
아침이면 작은 인사를 건넸다.

"오늘 하루도 잘 보내자."
밤이 되면 "잘 자라, 친구야." 그리고 밥을 먹을 때도 "친구야, 밥 먹자."
그렇게 말하면서 내 몸 안에 자리 잡은 그 친구와 조용한 공존을 시작했다.

여름이 지나고, 계절이 몇 번 바뀌자, 어느새 그 불청객들은 서서히 내 몸에서 떠나가기 시작했다. 마치 무겁던 구름이 걷히고 햇살이 다시 비추는 것처럼.

나는 그 시간을 아이들에게 이야기하고 싶다.
"삶도 몸과 같단다. 우리 마음 속에 때론 고장난 듯 아픈 순간들이 찾아오지만, 억지로만 다스리려 하지 말고, 잠시 친구로 받아들이는 용기도 필요해."

"엄마, 그럼 아픈 것도 좋은 거야?"
막내가 조심스럽게 물었다. 나는 웃으며 대답했다.
"그래, 아픔도 삶의 일부, 친구가 되어 함께 걸어가면, 어느 순간 스스로 떠나갈 때가 온단다."

세 아이의 엄마로서, 나는 오늘도 이 몸의 이야기를 품으며 너희에게 말한다.

인생도 몸처럼, 때론 고장 난 친구들과도 친구가 되어야 한다고. 그렇게 견뎌내고 받아들일 때, 우리 마음은 더 단단해지고, 빛나는 삶을 맞이하게 된다고. 우리 모두가 가진 고장들이 때로는 깊은 생명력의 시작임을, 잊지 말아주길 바란다.

다시 걷는 하루

살아가는 건
넘어져도 다시 일어나서

툭툭 털고
걸어가는 것

그리고 가다 지치면
쉬어가는 것

다시 걷는 하루

어느 날, 아이들이 한참 뛰놀다 지쳐 잠시 멈춰서듯, 우리 인생도 그런 순간들이 있지요. 나는 그 모습을 생각할 때면 문득 마음속에서 이렇게 말을 걸곤 합니다.

"삶이란, 결국 다시 일어나는 거야."

내가 이렇게 말하면, 큰아이 눈망울이 반짝이며 묻곤 했어요. "엄마, 그럼 힘들 때는 어떻게 해?"

나는 고개를 끄덕이며 답했죠.
"툭툭 털고 다시 걷는 거란다. 먼지 쌓인 어깨를 한 번 털어내고, 다시 내딛는 발걸음이야."

그때, 창밖에 바람이 살며시 불어와 나뭇잎을 흔들었어요. 초록 잎들이 부스럭대는 소리가 '괜찮아, 다시 해보자' 속삭이는 듯했지요.

삶이란 늘 달리기만 하는 길이 아니에요. 가끔은 멈춰서 숨을 고르고, 잠시 쉬는 것도 필요하죠. "가다 지치면 쉬어가라"는 그 말은, 내 아이들에게 들려주고 싶은 작은 비밀입니다.

"엄마, 쉬어가도 돼?"
큰아이가 묻는다면, 나는 따뜻한 미소로 대답할 거예요.
"물론이지. 쉬어가는 길에서 더 단단해지고, 다시 걸을 힘을 얻는 거란다."

그렇게 쉬는 시간도, 멈춤도 결국은 다시 일어서는 힘이 되어 우리를 앞으로 나아가게 하죠. 나의 세 아이들이 세상에 홀로 설 날, 이 말이 은은한 바람처럼 그들에게 닿기를 바랍니다.

"인생은 언제나 걷는 것만이 아니란다. 때론 잠시 멈춰서 바람을 느끼고, 다시 발걸음을 옮기는 과정이지."

그 말을 마음에 담아, 우리 모두 오늘도 툭툭 털고 한 걸음 내딛습니다. 그리고 그 한 걸음마다 삶이 조금씩 깊어져 가는 걸 느끼지요.

현충사의 봄,
기억의 꽃길을 걷다

따스한 햇살 아래
화사하게 피어난 봄꽃들이
현충사를 수놓고 있습니다

싱그러운 꽃향기가
경내를 가득 채우며
방문객들의 마음을
평온하게 감싸줍니다

고즈넉한 분위기 속에서
만개한 꽃들을 바라보며
깊은 사색에 잠길 수 있습니다

봄의 정취가
물씬 풍기는 현충사에서
소중한 추억을
만들어 보시기 바랍니다

현충사의 봄, 기억의 꽃길을 걷다

봄날의 햇살이 따사롭게 내려앉은 어느 오후, 나는 세 아이와 함께 현충사로 향했다.
"엄마, 여기 꽃들이 정말 예뻐요."
아이들의 반짝이는 눈빛이 내 마음 깊숙이 스며들었다.

현충사 경내는 봄꽃들로 화사하게 수놓아져 있었다. 진달래와 개나리, 벚꽃이 어우러져 산뜻한 색채를 뽐내고 있었고, 싱그러운 꽃향기가 바람을 타고 우리를 감쌌다.
"와, 꽃향기가 이렇게 좋은 줄 몰랐어요."
작은 둘째가 코를 킁킁거리며 말했다. 나는 살며시 미소 지으며 대답했다.
"그래, 이 꽃들은 봄이 오는 소식을 전해주는 편지 같은 거란다."

아이들의 발걸음은 조용했고, 우리는 현충사의 고즈넉한 분위기 속으로 깊이 스며들었다. 어머니 품처럼 포근하고도 엄숙한 그곳에서, 꽃들은 마치 조용한 이야기꾼처럼 피어나 있었다.
"엄마, 이 꽃들은 무슨 이야기를 할까?"
막내가 호기심 어린 목소리로 물었다.
"저마다 자신의 자리에서 조용히 피어나면서, 우리에게 삶과 기억의 소중함을 말해주고 있지."
나는 답했다.

가만히 눈을 감으면 봄바람이 스치는 소리가 들렸다. 꽃잎 하나가 살포시 내 어깨에 내려앉았다. 그 순간, 수많은 세월 속에 희생된 이들의 이야기가 마음에 잔잔히 울려 퍼졌다.
"아이들아, 기억하렴. 우리 삶에도 때로는 고요한 봄날처럼, 그리고 때로는 힘찬 바람처럼 순간들이 스치고 머무는 법이란다. 그 모든 것들이 모여 지금의 우리를 만들어 주었단다."

매화 향기처럼 고운 추억들이 우리의 마음에 피어나고, 그날의 햇살처럼 따뜻한 사랑이 가슴 깊이 내려앉았다.

"엄마, 우리 다시 또 와요."
"물론이지. 이 길에서 너희가 커가듯, 꽃들도 매년 다시 피어난단다."

현충사의 봄은 그렇게 우리에게 자연과 역사가 어우러진 특별한 순간을 선물했다. 삶의 길목마다 찾아오는 봄꽃처럼, 너희도 자신의 자리에서 빛나며 세상과 만나는 따뜻한 마음을 간직하길 엄마는 바란다.

이 봄, 꽃잎이 흩날리는 그 길 위에서 우리 모두는 삶과 기억의 꽃길을 조용히 걸어간다. 그리고 그 길 위에서 너희는 언제나 다시 피어날 것이다.